从沃森谈分子生物学

刘枫　主编

黄河出版传媒集团
阳 光 出 版 社

图书在版编目（CIP）数据

从沃森谈分子生物学 / 刘枫主编 .—— 银川：阳光
出版社，2016.7（2022.05重印）
（站在巨人肩上）
ISBN 978-7-5525-2784-1

Ⅰ.①从… Ⅱ.①刘… Ⅲ.①沃森，T.J.（1874–
1956）–生平事迹–青少年读物②分子生物学–青少年
读物 Ⅳ.① K837.126.15-49 ② Q7-49

中国版本图书馆 CIP 数据核字 (2016) 第 178977 号

站在巨人肩上　从沃森谈分子生物学　　　　　刘枫　主编

责任编辑　金小燕
封面设计　瑞知堂文化
责任印制　岳建宁

黄河出版传媒集团
阳光出版社　出版发行

地　　址　宁夏银川市北京东路139号出版大厦（750001）
网　　址　http：//www.ygchbs.com
网上书店　http：//shop129132959.taobao.com
电子信箱　yangguangchubanshe@163.com
邮购电话　0951-5047283
经　　销　全国新华书店
印刷装订　天津兴湘印务有限公司
印刷委托书号　（宁）0020179

开　　本　710 mm×1000 mm　1/16
印　　张　8
字　　数　128千字
版　　次　2016年7月第1版
印　　次　2022年5月第2次印刷
书　　号　ISBN 978-7-5525-2784-1
定　　价　35.80元

前　言

哲人培根说过："读史使人睿智。"是的，历史蕴含着经验与真知。

科学的发展是一个漫长的过程，一代又一代的科学家曾为之不懈努力，这里面不仅有着艰辛的探索、曲折的经历和动人的故事，还有成功与失败、欢乐与悲伤，甚至还饱含着血和泪。其中蕴含的人文精神，堪称人类科技文明发展过程中最宝贵的财富。

本系列丛书共 30 本，每本以学科发展状况为主脉，穿插为此学科发展做出重大贡献的一些杰出科学家的动人事迹，旨在从文化角度阐述科学，突出其中的科学内核和人文理念，提升读者的科学素养。

为了使本系列丛书有一定的收藏性和视觉效果，书中还汇集了大量的珍贵图片，使昔日世界的重要场景尽呈读者眼前，向广大读者敬献一套图文并茂的科普读本。

由于编者水平有限，加之时间仓促，疏误之处在所难免，敬请广大读者批评指正。

编者

目　录

沃森的自我介绍

我们已经发现生命的秘密。

——沃森

名句箴言

自我介绍

我是美国分子生物学家沃森。1947年获芝加哥大学动物学学士学位。此后,在印第安纳大学读研究生,在著名遗传学家卢里亚的指导下,完成了一篇关于X射线对细菌、病毒致死作用的论文。1950年获哲学博士学位。后来我得到美国国家科学研究委员会默克博士奖学金的资助,先在哥本哈根大学和丹麦国家血清研究所的实验室工作，后又转到剑桥大学卡文迪许实验室工作。1953年秋，我离开卡文迪许实验室到加州理工学院任高级研究员。1956年，我又在哈佛大学生物系任教，并在那里创建了一个实验室。1968年，我转到冷泉港实验室担任指导工作，继续从事

1989年，美国国立卫生研究院成立了人类染色体研究中心，沃森出任第一任主任

生物学前沿领域的研究。

谈起我的贡献就不得不提到我的合作伙伴加战友——学物理出身的生物学家克里克。克里克是英国北安普敦人，1916年6月8日出生。1934年中学毕业时，数学和物理成绩名列前茅，1937年毕业于伦敦大学物理系。在做博士论文的第二年爆发了第二次世界大战，这使他不得不放弃学业。1940年，他以科学家的身份进入英国海军部所属

的研究所,研究侦破和破坏德军水雷的电路系统,因工作出色,受到赏识,战后仍留在海军部工作。克里克并不满足于已经得心应手的工作,业余时间广泛阅读各种新科学材料以丰富自己。1994 年,量子物理学家薛定谔发表了《生命是什么?》,在这篇文章中明确指出,物理学和化学规律同样可以应用于细胞和基因的研究,这个观点使一些物理学家开始涉足于生命科学领域,从事把某些物理学规律应用到生物学的研究。克里克深受此书的影响,决心到陌生的领域去闯一闯,从事基因分子结构的研究。在几经周折后,克里克于 1949 年进入卡文迪许实验室,在佩鲁茨的指导下研究蛋白质和多肽。虽然在当时,他对生物学相当陌生,没有掌握 X 射线的基本知识和技术,甚至对 X 射线衍射结晶一窍不通,但是 30 多岁的他毫不畏惧,披荆斩棘,从零开始。他自学了 X 射线衍射学和生物学,读遍了有关课题的各类著作。一年后,他以初生牛犊不怕虎的精神,在这个领域横冲直撞,他采用多种实验方法,打破了卡文迪许生物小组思考生物分子结构的一些旧思路,推进了生物大分子 X 射线衍射的研究。他勤于思考,有极优秀的科学判断能力和富于创造性的实践能力,对权威敢于挑战。佩鲁茨称赞他"具有一个异常清醒的分析头脑和迅速掌握任何问题本质的才能。"

我们一同提出了闻名遐迩的 DNA 双螺旋模型结构。

这一成果于 1953 年发表。由于这一工作,我们与另一名物理学家威尔金斯一起,荣获 1962 年度的诺贝尔生理学或医学奖。总的来说我们的科学研究历程还是相对幸运的。

我在 16 岁时入芝加哥大学学习,当时学的是动物学中的鸟类学专业。应该说,这是经典生物学中的一门分支学科。后来,我进入印第安纳大学读研究生,导师是当时著名的遗传学家卢里亚。卢里亚曾以一个实验漂亮地证实了细菌的突变是自发的,与环境诱导无关,从而荣获了诺贝尔生理学或医学奖。在导师的引导下,我开始步入遗传学领域。鉴于卢里亚本人并不精通生物化学,我被派往欧洲的哥本哈根大学,与生化学家卡尔喀进行合作研究。然而,我的兴趣不在核苷酸代谢而在基因的结构上。我有一种预感,后者将是一项能摘取诺贝尔奖桂冠的事业。

20 世纪中期,正是遗传学进展如火如荼的年代。由于摩尔根等人的工作,染色体已被确定为是基因的载体。不过有一个问题正处于争论之中,这就是染色体的化学成分有蛋白质和 DNA 两种,那么这两者中究竟是谁来承担基因的载体这一角色的呢?一派观点认为,DNA 应是基因的载体,因为早在 20 世纪 40 年代,美国微生物学家艾弗里就通过细菌的转化实验证明了起转化作用的遗传物质是 DNA。另一派观点则认为,蛋白质才是基因的载体,因为蛋白质含有 20 种氨基酸,而 DNA 才含有 4 种核苷酸,显然前者的变化机会要远远超过后者,这正符合基因的多样性。不少权威的生物学家都持后一种观点,这就导致他们在基因问题上一开始就误入了歧途。

而我坚信,基因的载体一定是 DNA。所以,我醉心于揭示 DNA 的三维结构。解答这个问题必须通过 X 射线衍射方法。那么,什么地方才能学到这一最新技术呢?我选择了英国剑桥大学卡文迪许实验室。幸运的是,这一想法不久便如愿以偿了。从此我踏进 DNA 研究领域的门槛。由此可见,正确的选题是成功的一半。事实证明,正是我的慧眼识途,一下子就抓住了问题的关键。

英国实验科学家卡文迪许

在卡文迪许实验室,我如鱼得水,因为在这里我遇到了一位难得的知音——克里克。克里克在战前是学物理的,二次世界大战以后,他转向生物学研究,此时正在剑桥大学攻读博士学位。克里克对生物学所知甚少,而我对物理学是个门外汉。两种类型知识的互补,使我们成为科学史上的最佳搭档。于是,我俩凭着"初生牛犊不怕虎"的勇气,开始攻克这一富有魅力的课题。当时,伦敦金氏学院的女物理学家富兰克林,凭借其精湛的 X 射线衍射技术,获得了不少 DNA 的图像;富兰克林的同事威尔金斯也在这一方面做了大量工作。近水楼台先得月,这些图片直接为我和克里克提供了具有权威性的最新资料。

1952 年 5 月,美国著名化学家查伽夫访问剑桥,并带来了他的最新发现,即在 DNA 中 4 种核苷酸的数量和相对比例在不同物种中很不相同。但是,其中腺嘌呤的量始终等于胸腺嘧啶的量,鸟嘌呤的量始终等于胞嘧啶的量。这是一条重要的线索,在双螺旋模型的建立中起了关键性的作用。在建立模型的过程中,我们遇到了不少挫折。一开始,我们假定模型是由三股链缠绕而成的,因为图片分析似乎提供了这一信息。后来的事实则表明,这是一个错误的判断,因为它无法与已知的数据相吻合。这时在我的脑子里突然闪过了一个重要的灵感:在生物界中,成双配对是一个重要的现象,既然如此,生物体的微观构造也应体现出这一特征,这就促成了双链模型的提出。如果 DNA 果真是由双链组成的,紧接着就会有一个碱基配对问题。最初我提出了一个同类碱基配对的设想,亦即嘌呤与嘌呤配对,嘧啶与嘧啶配对。然而,这一方案仅存在了 12 个小时,结构化学家多诺一针见血地指出了其不合理性,因为它不符合结构化学的原理。多诺指出,按照碱基的生物学天然构型,腺嘌呤只能与胸腺嘧啶,鸟嘌呤只能与胞嘧啶紧密结合。这些配对碱基之间的结合力是由氢键提供的。这一原理也恰好与查伽夫的上述发现相吻合。但同时,我们也猛然悟出了其中所蕴含的深刻意义:DNA 的双螺旋模型就是由这样的互补碱基配对而成的,双环结构的碱基嘌呤总是和单环结构的碱基嘧啶相配对,所以两股链的走向刚好是相反的。

最终,我们揭示了 DNA 分子的立体模型犹如一条扭曲的梯状长链,每对互补的碱基构成阶梯,糖和磷酸则构成两侧的扶手。在实际的生命体中,两条链是柔软的,自然地取氢键螺旋形态。这是分子最松弛的天然状态,每个部分都处于能量上最适宜的状态,就在这上面携带着生命的信息。这一模型的迷人之处还在于它自然地蕴含了基因复制的机理:在 DNA 双链中,每一个碱基通过与另外一个互补碱基的配对,DNA 链就精确地复制了自身。而且,由于氢键是一个弱键,原来的 DNA 双链就很容易从中间断开,一分为二。这正是基因复制的奥秘,也是遗传的奥秘!

从某种意义上说,我们的成功确实是幸运的。与其他高手相比,我们从未亲手拍摄过一张 DNA 的图像,如威尔金斯和富兰克林那样;也缺乏查伽夫、多诺那样过硬的有机化学和结构化学知识。我们还是初出茅庐的新手。但是,成功的桂冠却最先被我们摘取。其实成功之后我们有过认真的思考总结。我们有着别人没有的优势,我们的合作本身就体现了生物学与物理学的完美结合。许多精湛的DNA图像虽出自富兰克林之手，但她却顽固地拒绝"螺旋"模型，理由是图片本身并未直接提供这一信息。另一位成功的化学家鲍林因提出蛋白质的α螺旋模型而荣获诺贝尔奖。正当他兴致勃勃地涉足DNA领域，企图再一次摘取桂冠时，却因囿于三链模型而错失良机，直至我们成功时才恍然大悟。他为此还一直懊恼自己怎么就没想到生物界那最重要的配对现象呢？至于查伽夫则从来没有越出化学研究领域半步。

由此可见，在DNA双螺旋模型的创立过程中，生物学的直觉是极为关键的，而我们恰恰具备了这一点。就以螺旋型的构造来说，我凭直觉就断定生物体偏爱螺旋型，就在我们人类身上也能找到不少这方面的实例，如头顶上的发旋等。这种特性当然应该在生物体的微观构造上得到反映。对于我来说，突破三链假象，提出双链构造，也得益于我那良好的生物学直觉——我认为在生物界频繁出现的配对现象，预示着我们应该制作双链模型。与此同时，克里克贡献了大量数学和物理学方面的知识，这方面的优势正是我所望尘莫及的。现代生物学离不开数、理、化知识的铺垫，但是，若缺乏敏锐的生物学视角，物理学家就将无用武之地。只有两者的珠联璧合，才能结出丰硕之果，DNA双螺旋模型的诞生就是最好的例证。

生物化学是发展于 20 世纪的生理化学，它起源于 19 世纪。起先，由于一些有机化学家对动植物化学的研究，开始认识了组成生命的重要物质——蛋白质、核酸、糖和脂肪的化学成分和部分结构。科学家们用了 100 多年的时间，到 1940 年才全部阐明了组成蛋白质的 20 种氨基酸。19 世纪末 20 世纪初，德国化学家 E. 菲舍尔和 F. 霍夫迈斯特先后分别提出蛋白质的结构是由肽键把各种氨基酸连接为长链的理论，并指出了天然氨基酸都是 L 系的。但直到 1929 年，瑞典化学家 T. 斯韦德贝里用他自己发明的超速离心机进行了测定后才证明了蛋白质的大分子本质。1869 年，J. F. 米舍尔发现核酸以后，德国生化学家 A. 科塞尔和美籍俄裔的生化学家 P. A. T. 列文等从 19 世纪末到 20 世纪 30 年代，对核酸的结构做了系统的研究，发现核酸是由 4 种不同的含氮的杂环化合物同核糖、磷酸结合成核苷酸，然后再聚合为大分子。1929 年 P. A. T. 列文发现，由于核糖含氧量不同，而有脱氧核糖核酸与核糖核酸之分。由于当时条件的局限，他根据不够精确的测定，误以为核酸中 4 种

碱基的含量相等,于 1921 年提出关于核酸结构的错误的"四核苷酸"假说,把复杂的核酸结构简单化了。20 世纪 30 年代这一假说被普遍接受,影响了人们揭示核酸作为生命物质的重要功能。直到 20 世纪 40 年代中期核酸在遗传上的功能被肯定,才有人再次用刚建立不久的精确方法进行分析,发现四种碱基含量并不完全相等。这才推翻了"四核苷酸"假说,有助于以后 DNA 双螺旋结构模型的建立。

分子生物学孕育的时期

没有智慧的头脑，就像没有蜡烛的灯笼。

——托尔斯泰

名句箴言

比德尔与塔特姆

虽然20世纪30年代生物学家已经知道基因需要酶的帮助才能完成功能，但是，基因和酶到底是什么关系，仍是当务之急需要搞清楚的问题。1941年，美国生物学家乔治·比德尔和爱德华·塔特姆揭开了这个谜。

1903年，比德尔出生在美国内布拉斯加州的一个普通农民家庭。高中毕业后,比德尔放弃了回乡务农的念头,进入内布拉斯加大学深造。1931 年获得康奈尔大学博士学位后,他先后在加州大学和哈佛大学工作。1937 年,比德尔被斯坦福大学聘为生物遗传学教授,并在那里工作了 9 年。在此期间,他同塔特姆完成了他们伟大的合作。

塔特姆于 1909 年出生,老家在美国科罗拉多州波尔德,父亲是威斯康星医学院的教授。塔特姆在芝加哥大学和威斯康星大学完成了自己的高等教育,1934 年获得生物化学博士,其关于细菌营养和新陈代谢的博士论文为他后来同比德尔的合作打下了基础。塔特姆毕业后来到斯坦福大学生物系,先后任研究助理和副教授,最后成为生物化学教授。

1941 年,比德尔放弃了已经进行了两年的果蝇实验,同塔特姆合作,开始将红色面包霉作为研究对象。一般情况下,链孢菌在含有糖、少量维生素 H 和无机盐的培养基中就能很好生长。在它生活周期的一定阶段,链孢菌会产生 8 个完全相同的孢子。

比德尔和塔特姆在实验中用 X 射线照射链孢菌,他们发现有的孢子会出现突变,而某些突变影响了孢子利用基本物质合成有机物的能力。例如,有的孢子不能像正常的孢子那样产生特殊的氨基酸。比德尔和塔特姆在培养基中添加不同的物质,并观察它是否能使突变的孢子正常生长。

根据实验结果，比德尔和塔特姆认为：所有生物体内的一切生物化学过程最终都由基因控制；这些过程都可细分为一系列化学反应；各个反应均以某种方式受单个基因的控制；单个基因的突变只能改变细胞进行某一化学反应的能力。

总结以上观点，比德尔和塔特姆认为每个基因控制且仅控制一种酶的形成。这就是著名的"一个基因一种酶"的学说，该学说为遗传学家普遍接受。由于他们的开创性工作，比德尔和塔特姆与莱德伯格分享了 1958 年的诺贝尔生理学及医学奖。

江山代有才人出，各领风骚数百年。

——赵翼

名句箴言

噬菌体学派
——德尔布吕克

德尔布吕克，信息学派的先驱者之一。这位当初被称为遗传学的门外汉，却在1969年因对噬菌体复制机制的卓越研究而获诺贝尔生理学医学奖。德尔布吕克曾经是丹麦著名物理学家、诺贝尔奖获得者玻尔的研究生。1932年，玻尔在哥本哈根举行的国际光疗会议上发表了《光和生命》的著名演讲,应用物理学的概念来解释生命现象。在当时,人们很难理解玻尔这些科学思想的意义,一些听讲的生物学家甚至不知所云。然而,玻尔以一种天才的直觉能力,借助于量子力学的范例,预感到在生物学中将有某些新的发现。这无疑给人们一种深刻的启示,并向当时的物理学家和生物学家提出了挑战。德尔布吕克受到这个著名演讲的启发,使他"对于广阔的生物学领域将揭示的前景充满了热忱,并准备迎接挑战",转而研究生物学,"选择了一条把遗传学与物理学结合在一起的道路。"1935 年,德尔布吕克与前苏联遗传学家梯莫菲也夫-雷索夫斯基和物理学家齐默尔合作,应用物理学概念研究果蝇的 X 射线诱变现象,建立了一个突变的量子模型。他们三人共同署名的论文题为《关于基因突变和基因结构的性质》,刊登在德国哥廷根的科学协会通讯上,这篇论文代表了德尔布吕克的早期生物学思想,也可以认为是量子遗传学的最早端倪。1937 年,德尔布吕克带着洛氏基金的资助,前往美国的加州理工学院——当时世界的遗传学中心。这个年轻的理论物理学家从此开始研究一种全新的物质——果蝇染色体。对于一个经常在纸面上进行精密的分析与演算的理论物理学家而言,成天在显微镜下观察形状彼此极为类同的染色体,实在有点隔行如隔山的感觉:"我在阅读那些望而生畏的论文时没有取得很大进展,各种基因型都有长篇累牍的陈述。太可怕了,我简直无法读懂它。"

　　在加州理工学院,德尔布吕克与摩尔根及其弟子们过从甚密。他犹豫不决地接受了基因作为"分子"的看法,但同时坚持,这种"分子"绝不是处于随机碰撞和化学平衡中的分子,细胞中的化学反应是高度专一的,各个反应彼此常常保持独立。尤其重要的是,基因仅以一个或两个副本存在,它不可能是满足一般化学平衡所需的大量分子,而且基因代代相传,在结构上异常稳定,抵御着不确定性的详解。这一切对于物理和化学来说是反常的。在德尔布吕克这些独创性的想法中,看不到玻尔互补原理或统计决定论思想的痕迹;相反,却看到了生命的确定性和因果性。

　　"基因的化学实质是什么"这个问题,德尔布吕克准备利用最简单的生物来进行探讨。1938年,一种寄生于大肠杆菌中的小小病毒——噬菌体,意外闯入了德尔布吕克的生活。德尔布吕克与噬菌体可谓"一见钟情",噬菌体遇上了德尔布吕克经过长期物理学方法论训练的有准备的头脑。用噬菌体作生物学研究材料有着极大的优越性:它易于繁殖,在半小时内,就能依赖一个细菌细胞繁殖出数百个子代噬菌体;在培养基中,因为它们分解细菌而出现透明的噬菌斑,因而易于计数;噬菌体只含有蛋白质外壳和核酸内含物两种生物大分子,结构异常简单——氢原子结构与噬菌体结构惊人的可比性以及在玻尔和德尔布吕克师徒两人开创性成就中的作用之类似,难道仅仅是历史的巧合吗?噬菌体的特性符合德尔吕布克的想法:"在每一个有机体中,所发现的许多高度复杂和特殊的分子,其起源有一个极大的简单性。"德尔布吕克与另一位生物学家爱利斯一道发展了研究噬菌体的方法以及分析实验结果的教学方法,但这里并没有开创性的发现,开创性的发现期待着另一位英雄的到来。

萨尔瓦多·爱德华·卢里亚是一位充满了人文精神的分子遗传学家,于 1912 年出生在意大利都灵一个犹太中产阶级家庭。他的大学学业是在都灵大学的医学院完成的,1937 年去罗马师从当时意大利的物理学新星费米,希望通过生物物理学走向生物遗传学,结果却因微生物家瑞塔而"结识"了噬菌体。1938 年,卢里亚来到巴黎,做了一段时间的噬菌体研究工作。1940 年巴黎沦陷后,卢里亚来到美国。1943 年 1 月,卢里亚前往布鲁明顿的印第安纳大学,在一次著名的教师舞会上,他想到了如何证明细菌基因的突变。不久,他便与德尔布吕克合作发表了著

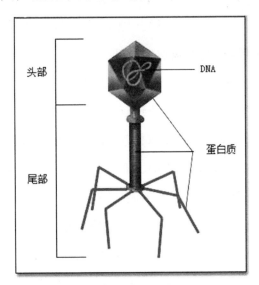

T2 噬菌体的模式图

名为"卢里亚－德尔布吕克波动试验"。这是信息学派的一项开创性成果，而他也成为了信息学派的另一位英雄。

卢里亚的第二项发明是 X 射线"致死"噬菌体的重组修复。卢里亚和德尔布吕克在合作中，发现了一些无法解释的现象，一些被 X 射线操作致死的噬菌体经过一段时间的沉默之后又奇迹般地复活了。1946 年，卢里亚进一步的研究表明：这种致死噬菌体复活必须同时有两个或多个存在才能成功，原来这两个或多个噬菌体仍能感染细胞并在细胞中进行重组，重组的结果得到了一个具有破坏细菌功能的"活"噬菌体。卢里亚关于噬菌体重组现象的发现第一次表明，噬菌体也是有基因的，因为重组也是基因的行为特征之一。

卢里亚的第三项成果是细胞基因限制或修饰现象的发现，那是另一次突发事件。1952 年，他得到了一种特别的突变菌，噬菌体可以感染并杀死它，但并不释放出噬菌体来，卢里亚一直没有找到解释这一现象的答案。一天，卢里亚不小心将装有被噬菌体感染的大肠杆菌的试管打碎了——卢里亚的动手实验能力似乎并不强——他到隔壁借来了痢疾杆菌，他认为结果应该大致相同。结果被感染的痢疾杆菌释放出了噬菌体。这一结果使卢里亚感到既迷惑又兴奋，秘密揭开了：噬菌体在突变菌中被修饰了而不能生长，只有到其他菌种上才能繁殖，真是得来全不费功夫。

德尔布吕克与卢里亚因为选取了一种恰当的生物学研

究材料,从而证明了噬菌体和细菌都有基因,这项重要贡献为分子生物学的诞生奠定了坚实的基础。德尔布吕克和卢里亚凭借这项发明于 1969 年荣获诺贝尔奖。

下面还是让我们来回顾他们的成长道路。

马克斯·德尔布吕克,1906 年 9 月 4 日,出生于德国柏林一个知识分子家庭,是著名美籍德裔生物学家。他的父亲是柏林大学的历史学教授,叔叔是神学教授,母亲是著名化学家李比希的孙女。他初临人世,就被浓浓的书卷气息,优雅的学者风度和严谨求实的科学精神所包围。童年与少年时期的德尔布吕克,除双亲眷顾之外,周围众多从事科研与经济活动著称的大家庭的翩翩才士对他影响也颇深。20 世纪 20 年代后期,量子力学蔚然成风,当时他在德国哥廷根大学读研究生,这是一股震撼当时物理学界的革命性思潮。德尔布吕克紧随着时代的前沿,又开始把方向从天体物理学转向理论物理学。1930 年在哥廷根大学获得博士学位之后,德尔布吕克先后赴英国,瑞士,丹麦从事博士后研究。英国的风土人情拓展了他的视野,在瑞士,他师从著名物理学家泡利,获益匪浅。尤其在哥本哈根物理所的两年当中,他又从物理学家玻尔那里学到了影响他一生的学术研究方法。玻尔当时提出场量子力学中的"互补性原理",即电子的波动性与粒子性是互补的,并阐述了"互补性原理"在生物学中的适用性,这大大启发了德尔布吕克。他深信这一论述,并萌发了告别理论物理而投身遗传学的想法。

1932 年,德尔布吕克移居柏林。1933 年柏林举行了"基础物理学之未来"研讨会。会议讨论的结果是:物理学近期内不会产生有意义的课题,而生物学方兴未艾,一些物理学家将进入生物学。德尔布吕克大有英雄所见略同的感觉。

1934 年初,由从俄国移民的著名遗传学家季莫菲也夫为领导,由物理学家和生理学家共同参与的一个研究小组正式成立,他们经常举行跨专业的交流切磋活动,德尔布吕克也参与了该项活动。他以非决定论的立场判断生命现象,推测出应当从遗传学领域发现生命的本质,因此有必要运用量子力学的有关理论认识遗传现象,于是他与季莫菲也夫等人进行了"辐射对果蝇的作用——放射性突变遗传现象"的研究,并发表了论文《遗传基因突变和遗传基因结构的本质》。此文建立了遗传基因原子物理学的模型,并倡导"遗传基因的高分子学说",给理论遗传学打上了物理学的烙印。由著名物理学家薛定谔撰写的《生命是什么》一书还曾受到此文的影响。

1937 年,德尔布吕克在玻尔组织的小型讨论会上,做了关于"生命之谜"的发言,其中把病毒的复制与细胞分裂,动植物有性繁殖进行对照,引起同行的高度重视。当时美国生物学家摩尔根的果蝇实验室是遗传学的权威理论,德尔布吕克为了更好地研究基因的本质与结构,他争取到了洛克菲勒基金会的资助,终于到位于加州理工学院的摩尔根实验室工作。在那段岁月中,他开创了生物遗传学的另一片辉煌图景。德尔布吕克在摩尔根实验室经过了很长一段磨合期之后,便着手开始研究他的第一个课题——噬菌现象。

摩尔根

刚开始,由于对摩尔根实验室的环境不是很适应,导致德尔布吕克科研工作进展缓慢。就在他遭遇很大困难时,同一实验室的埃里斯从污水中分离出噬菌体,并向他展示,由于无法直观地看到它,使德尔布吕克对此持怀疑态度。尽管如此,他还是提出了对噬菌体分阶段进行生长试验的设计,以便弄清它生活周期的几个阶段。于是二人共同进行了著名的噬菌体"一级生长的试验"。他们是这样进行试验的:以1:10的比例将 T4 噬菌体与细菌混合,并保证每个噬菌体都有机会侵入细菌。吸附若干分钟后将被侵入的细菌稀释到抗血清中,除去尚处游离状态的噬菌体,然后稀释到 1% 的浓度,接种于培养液中,并抽样测定噬菌斑数。侵入开始后,在24 分钟内,培养液中噬菌斑形成单位的数目保持稳定,而且侵入滴度也不增加,这段时期称之为"潜伏期"。在 24 分钟后,培养液中噬菌斑数目骤增,再过 10 分钟才达"平稳状态",此时侵入活性也不增加,此谓之"上升期"。达到平衡状态的最终滴度与被噬菌体浸染的开始滴变之比,叫作释放量。T4 噬菌体的释放量为 100,即每个被染细菌可释放约 100 个噬菌体。有关这一试验的论文发表于 1939 年。德尔布吕克在序言中指出:"过去有种错误观点认为,细菌病毒是一种化学分子而非生物。我们的工作则表明,某些大蛋白分子具有在物体内增殖的特性。"整个实验简单而高效,充分体现了德尔布吕克清晰、简练而朴实的研究风格。实际上,该实验与其说是解决了问题,毋宁说是提出了问题,开辟了新的研究方向。尤其是潜伏期噬菌体在宿主菌体内如何繁殖和生长尚不清楚。因此,这一试验也被公认为"现代"噬菌体遗传学之肇端。实践证明,德尔布吕克的方向是正确的,然而当初这一方向却被苏联的百科全书评为"对 T 群噬菌体研究方面所获得的资料万能化的倾向。"但德尔布吕克不同意这个结论,他更乐意把这一试验归功于玻尔当初对他的启发。

为探究"一级生长实验"中的未明之处,特意邀请意大利细菌学家卢里亚到纽约冷泉港实验室,和他共同研究噬菌体遗传现象,后来德尔布吕克转往范德比尔特大学任物理讲师,并正式创建噬菌体研究组。

　　1943 年 1 月，另一项著名的"波动试验"，在卢里亚的设计下诞生了，用比较细菌体内因诱导而产生的耐受性与自然选择所产生的耐受性之间的差别，结果表明：细菌的耐噬菌体突变的产生是随机的。德尔布吕克对此进行了数学分析，显示突变产生的波动性呈统计学上的"泊松分布"。这一结果表明细胞变种的随机自发的选择性，成为细菌遗传学的一项突破，动摇了拉马克主义关于细菌只有获得性遗传而无突变性的偏见。1 月底，赫尔希加入了他们的行列，"噬菌体学派"的核心形成了。科学史学家戏称这个核心小组由两个敌侨和一个"与社会不适应"者构成，因为据说赫尔希从不喝威士忌。

　　"噬菌体学派"每年暑期都要在冷泉港举行学术会议，旨为交换心得，培养新手，演示实验，还抽空举行文娱活动，出版有关刊物。为了进一步规范实验材料，描述用语和概念，1944 年的会议达成了所谓"噬菌体条约"，即德尔布吕克提出的将研究对象集中在 T1－T7 七个噬菌体株和它们的宿主菌——B 株大肠埃希氏菌上的建议。噬菌体小组齐心协力、紧密合作，统一认识，最后终于弄清了噬菌体复制机制与过程，并证明它适用于一切病毒。

　　德尔布吕克在噬菌体学派中起到了举足轻重的作用。然而当研究组成员成果纷至沓来之际，个人的思路与未公开的发现却逐渐被保密，这恰是人事复杂，人心多变的一个例证。对此,德尔布吕克只好徒呼奈何。1953 年,德尔布吕克就在学派如日中天时,认为自己通过对遗传学和生物学研究,并没有成功实现证实"互补性概念"适用于生物学,而认为分子生物学的发展前途有限,于是他一改研究方向,开始从事以"须霉"属真菌为模型的感觉生理学研究。遗憾的是,这种研究成果收效甚微,反而噬菌体学派也因此宣告解体。然而,世人并没有因此而淡忘了德尔布吕克数十年如一日做出的突出贡献。

1966 年,《噬菌体和分子生物学开端》纪念文集出版了,这年正在德尔布吕克 60 寿辰之际,加州理工学院的同事们为此举行隆重庆典,来祝贺这位资深科学家的喜庆之日。1969 年,因为噬菌体研究的杰出成就,德尔布吕克,卢里亚、赫尔希三人共同获诺贝尔奖。生理学或医学委员会的代表加德在介绍词中这样描述:"首要的荣誉应该归于德尔布吕克,他将噬菌体的研究从通常的经验主义范畴提升为精密的科学。他分析和确定了精密测量噬菌体生物学效应的条件,并和卢里亚一起制定了定量方法和建立了统计学的评价标准,有了这些方法和标准之后,进一步地深入研究才成为可能。"

此时的德尔布吕克在科研学术界已具有很高的声望,他成为美国国家科学院院士和一些学术团体成员。但他并未在成就的巅峰上不思进取,他一如既往,并先后发表多篇对当代病毒学和分子生物学有深刻影响的论文。

天才就其本质而论只不过是对事业、对工作过程的热爱而已。

——高尔基

名句箴言

他们同样灿烂

莱德伯格,1925 年 5 月 23 日生于美国蒙特克莱市,美国遗传学家,细菌遗传学的创始人之一。1944 年获哥伦比亚大学学士学位,以后曾在医学院学习,不久转入耶鲁大学,于 1947 年获博士学位。1947～1959 年任威斯康星大学副教授、教授、遗传学系主任;1959～1962 年任斯坦福医学院教授兼遗传学系主任。1962年任肯尼迪分子医学实验室主任。

1946年，他在耶鲁大学期间，和塔特姆发现细菌的遗传重组。即把两个需要不同生长因子的大肠杆菌营养缺陷型混合培养在基本培养基上时出现了野生型，而分别培养时则从未出现，这一发现说明了遗传重组的普遍性。继细菌遗传重组的发现，他和他的学生、同事又在细菌遗传学方面做出了一系列的重要贡献。1952年发现细菌的F因子，揭示了作为供体细胞的细菌可以把遗传物质传递给作为受体细胞的细菌。1952年发现沙门氏菌中的普遍性转导，揭示了一个细菌的遗传物质能够以噬菌体为媒介传递给另一个细菌。1953年发现大肠杆菌的温和噬菌体λ在染色体上占有一定位置，1956年发现λ噬菌体能进行局限性转导。他们的研究工作还包括应用细菌的有性生殖和转导进行细菌的免疫学和代谢作用等方面的研究，包括1953～1956年间关于沙门氏菌的鞭毛相转变机制的研究和1960年关于半乳糖代谢方面的研究等。此外，他还证实了一个动物细胞只产生一种抗体，为免疫学中的克隆选择学说提供了有力的证据。

莱德伯格的研究工作开创了细菌遗传学，并给其他一些领域带来重要的影响。后来运用基本上相同的方法，发现不产生有性孢子的放线菌和半知菌也能进行遗传重组；大肠杆菌和它的噬菌体中的遗传学分析推进了人们对于基因的本质、基因突变和基因的功能的认识；细菌遗传学的研究方法被引用到真核生物的研究中,发展了高等动植物的体细胞遗传学;出现了分子遗传学;在此基础上又发展出遗传工程。他还利用人口调查数据研究人类生物学;应用计算机和数学方法研究有机化合物的鉴定和分类;参与了地球外生命的讨论。1958 年他和比德尔和塔特姆共同获得诺贝尔生理学或医学奖。

埃弗里

埃弗里,1877 年 10 月 21 日生于加拿大新斯科舍哈利法克斯。1887 年随作牧师的父亲迁入美国纽约市。1904 年毕业于哥伦比亚大学医学院,后到布鲁克林的霍格兰实验室研究并讲授细菌学和免疫学。1913 年转到纽约的洛克菲勒研究所附属医院工作,直到 1948 年退休。1955 年 2 月 20 日卒于美国田纳西州纳什维尔,美国细菌学家。

1944 年,他和麦克劳德、麦卡锡共同发现不同型的肺炎双球菌的转化因子是 DNA。1928 年英国微生物学家 F. 格里菲思就发现:将已经死亡的Ⅲ型肺炎双球菌和活的Ⅱ型菌分别注射入小白鼠体内,小白鼠表现正常;若将两者混合注入,则小白鼠死亡,并从其尸体中可分离出活的可致病的Ⅲ型肺炎双球菌。格里菲思由此推测,在Ⅲ型的死菌体中必有一种转化因子,能使Ⅱ型转化为Ⅲ型,而且这种转化可以遗

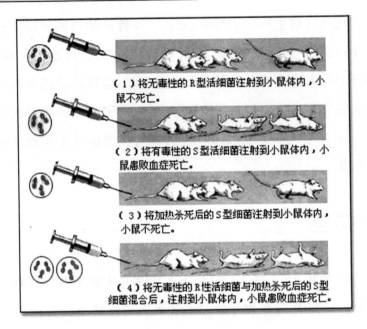

（1）将无毒性的 R 型活细菌注射到小鼠体内，小鼠不死亡。

（2）将有毒性的 S 型活细菌注射到小鼠体内，小鼠患败血症死亡。

（3）将加热杀死后的 S 型细菌注射到小鼠体内，小鼠不死亡。

（4）将无毒性的 R 性活细菌与加热杀死后的 S 型细菌混合后，注射到小鼠体内，小鼠患败血症死亡。

肺炎双球菌的转化实验

传给后代。埃弗里和他的同事则进一步从被高温杀死的Ⅲ型菌中分离出蛋白质、荚膜的成分和 DNA，将这几种成分分别同活的Ⅱ型菌混合培养，发现只有 DNA 能使活的Ⅱ型转化为Ⅲ型，即无荚膜、不致病的可转化为有荚膜、能致病的肺炎双球菌。证明了格里菲思所说的转化因子就是脱氧核糖核酸（DNA）。这项实验第一次证明了遗传物质是 DNA 而不是蛋白质。虽然这一发现，曾引起争论和怀疑，但的确推动了 DNA 的研究，直至 1953 年 DNA 双螺旋结构的发现。

他很早就知道肺炎双球菌，并研究过肺炎双球菌的免疫性。提出肺炎双球菌可根据其免疫的专一性来进行分类,而这种免疫专一性是由于不同菌型的荚膜中所含的多糖引起的。由此他建立起对不同型肺炎双球菌的灵敏检验法。

1938 年,在美国洛氏基金会工作的数学家韦弗在一份支持生物学研究的文件中首次使用了"分子生物学"这一名词。20 世纪 40 年代被认为是分子生物学的孕育时期。1941 年,曾在摩尔根实验室工作过的美国遗传学家比德尔同美国生物化学家塔特姆合作,把生物化学引进了遗传学。他们用粗糙脉孢菌为材料,用 X 射线诱发多种营养缺陷型突变体,并进一步研究这些突变特性在遗传上的传递规律,从而推导出"一个基因一种酶"的新概念,20 世纪 40 年代中期被普遍承认,从而建立了生物化学遗传学。研究成果促进了分子生物学的发展。一项是,由德国移居美国的物理学家德尔布吕克和其同事们在 1946 年发现不同种的噬菌体在一定条件下能进行基因交换重组。德尔布吕克从研究基因的自我复制出发,选中了噬菌体这种极简单又具有自我复制能力的微生物作为研究对象。他是美国"噬菌体小组"的主将,在 40 年代后期举办了多次噬菌体暑期讲习班,宣传他的学术思想和普及噬菌体的实验技术。另一项是,1946~1947 年,美国微生物学家莱德伯格同塔特姆合作,以大肠杆菌为材料,也发现了基因分离和重组现象。这两项突破以及他们对噬菌体和大肠杆菌的一些基本研究,对分子生物学的发展起了十分重要的作用。

1944 年,美国细菌学家埃弗里发现 DNA 是不同种的肺炎双球菌之间的转化因子。第一次证明 DNA 携带着遗传信息。这一十分重要的成果却引起很大争论,一方面受传统思想的影响,很多人怀疑他所分离出的 DNA 不纯,可能还是混杂的蛋白质在起作用,但是这一成就无疑地也刺激了人们对 DNA 化学组成和晶体结构的研究。同年,奥地利物理学家、量子力学的奠基人之一薛定谔在英国出版了名为《生命是什么》的小册子,其副标题是"活细胞的物理观"。该书用量子力学的观点论证基因的稳定性和突变发生的可能性。书中提出必定有一种由同分异构的连续体构成非周期性的晶体,其中含有巨大数量的排列组合,编排

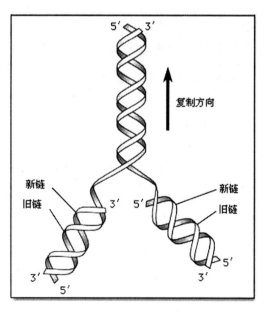

DNA 复制

成遗传密码。该书还用统计物理学中的"有序""无序"和"熵"等概念来分析生命现象。薛定谔在这本书中还明确指出,生命物质的运动必然服从于已知的物理学定律。但他写这本书的唯一目的却是想从复杂的生命物质运动中发现未知的物理学定律。虽然他的物理学家的目的至今未能实现,但却启发了人们用物理学的思想和方法去探讨生命物质的运动。其中对生命问题提出的一些发人深思的见解,吸引了不少生物学家和对生物学感兴趣的物理学家。一些知名的分子生物学家都在自己的回忆中提到这本书对他们的影响,于是有人把这本书誉为"从思想上唤起生物学革命的小册子"。

英国生物大分子晶体分析学家 W.T.阿斯特伯里于 1950 年,以"分子生物学"为题在美国作公开讲演。以后随着工作的开展,分子生物学得到普遍承认。分子生物学是生物化学和生物物理学研究发展的必然结果。生物大分子结构和功能的研究正是 50 年代以来生物化学和生物物理学面临的中心问题。但在研究功能时必然与遗传学、免疫学等学科相结合,从而发展为分子遗传学、分子免疫学等。在实验材料上选中了微生物,从而应用了微生物学的原理和方法。从 1953 年以后,分子生物学取得了一系列巨大的突破,开创了一个新的广阔的研究领域。

分子生物学的诞生和发展

名句箴言

科学所以叫作科学，正是因为它不承认偶像，不怕推翻过时的旧事物，很仔细地倾听实践和经验的呼声。

——斯大林

探索DNA双螺旋结构的竞赛

20世纪50年代初，有三组科学家在进行DNA结构的研究，他们是：剑桥大学卡文迪许实验室的沃森与克里克、美国加州理工学院的鲍林，英国剑桥大学国王学院的富兰克林与威尔金斯。当时，人们已普遍承认DNA是最重要的遗传物质，遗传信息就存储在DNA分子多核苷酸链上的4种碱基的特定序列上,进一步阐明其结构和功能已成为迫切的任务,这是一场实力与智慧的科学竞赛。

鲍林,美国著名化学家,1931年就将量子力学用于化学领域,阐明了化学键的本质,1954年获得了诺贝尔化学奖。1950年,他首先阐明并发现了氨基酸链的α螺旋状结构。此后,鲍林又投入到DNA结构的研究。他是最早认定DNA分子具有与氨基酸链类似的螺旋结构的科学家,而且研究的环境最优越,但他错误地认为DNA分子是由三股螺旋组成的,这使他误入歧途。

英国女生物学家富兰克林是最早认定DNA具有双螺旋结构的科学家,并且运用X射线衍射技术拍摄到了清晰而优美的DNA照片,为探明其结构提供了重要依据,她还精确地计算出DNA分子内部结构的轴向与距离。而英国生物物理学家威尔金斯则计算出DNA分子螺旋的直径与长度。他们二人还对DNA分子的结构做出了确切而关键性的描述:磷

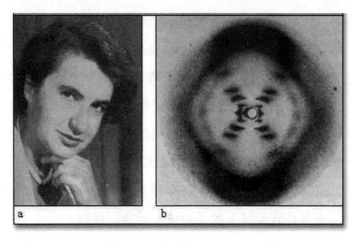

富兰克林和她的DNA照片衍射结果

酸根在螺旋的外侧,碱基在螺旋内侧。

英国剑桥大学国王学院 1946 年就设立了 DNA 结构研究室,富兰克林与威尔金斯拥有充足的经费和先进的技术设备,他们与成功地建立 DNA 双螺旋结构模型只有咫尺之遥,但却未能跨出最后也是最关键的一步。这一方面是因为他们认为探索 DNA 结构的唯一途径是使用晶体学和数学计算的方法,拒绝采用建立结构模型的方法;另一方面是由于人际关系等方面的因素。

在英国剑桥大学国王学院的实验室中,富兰克林虽然是唯一适合运用 X 射线衍射技术研究 DNA 结构的科学家,但她发现自己是处于一种对女科学家充满敌意的环境中,很难与同行们进行讨论与交流,并且她与后来派来做她上司的威尔金斯关系不融洽。富兰克林对 DNA 的研究工作取得了重要进展,却被有关方面要求停止这方面的进一步研究。1951年她离开了国王学院,到伦敦大学伯克贝克学院从事病毒结构的研究。虽然威尔金斯还邀请她继续参与 DNA 的研究,但这些因素还是对她们二人的工作产生了不利的影响。在很长一段时期,富兰克林的工作没有得到应有的承认。

到 1951 年 9 月,富兰克林与威尔金斯在 DNA 结构的研究上已经非常接近胜利的终点了。就在这时,出现了两个年轻的竞争者克里克和沃森。

克里克是英国北安普敦人,1916 年 6 月 8 日出生。1934

年中学毕业时,数学和物理成绩名列前茅,1937 年毕业于伦敦大学物理系。在做博士论文的第二年爆发了第二次世界大战,这使他不得不放弃学业。克里克在大学学的是物理专业,毕业后攻读物理学研究生。第二次世界大战爆发后,他中断学业参军。战后,他受薛定谔的《生命是什么》一书的影响,转而学习生物学,1949 年进入剑桥大学卡文迪许实验室师从英国著名分子生物学家佩鲁茨攻读研究生。当时,佩鲁茨与肯德鲁正在合作运用 X 射线衍射技术研究血红蛋白和肌红蛋白的分子结构。作为他们的学生和助手,克里克与沃森被安排共用一间办公室。两个年轻人都是《生命是什么》的忠实读者,又都对从分子生物学的角度研究遗传基因感兴趣,于是结成了事业上的合作伙伴。他们决定进行 DNA 结构的研究。

在三组 DNA 结构研究人员中,沃森和克里克最年轻,资历最浅,知识与经验最缺乏,以前也没有进行过相关的研究,而且 DNA 结构不是他们的本职研究课题,但成功的桂冠却被他们在这场科学竞赛中摘取了。

经过多日的实验与研究,克里克与沃森一致认为:当时的 X 射线晶体衍射技术水平尚不足以清晰显示生物大分子较为复杂的三维图像,仅靠数学计算,难以确定大分子中所有原子的准确位置。如果设想 DNA 分子呈螺旋状,则不妨依据 X 射线衍射图上的几组数据,先构建出分子模型的大模样,再不断调整其中原子排列的细节,直到其与真实分子的衍射图十分接近为止,此时得到的即应是 DNA 的实际立体结构。不久,克里克和沃森得知美国化学家鲍林正是依据结构化学的简单原理,通过构建分子模型的途径,发现了蛋白质多肽链的 α 螺旋结构。这更使他们确信:解决 DNA 分子结构之路在于构建模型。

1951 年 11 月,沃森听了富兰克林关于 DNA 结构的学术报告。这场报告使沃森和克里克认识到,如果他们要从事 DNA 的结构分析研究,只能利用别人的数据进行分析,从而建立自己分子结构模型。因为这样工作并非他们分内的工作,没有研究经费,也没有从实验中直接得到数据的条件,他们很快就提出了一个三股螺旋的 DNA 结构的设想。

当威尔金斯和富兰克林看到这个模型时,富兰克林当即就指出 DNA 结构应是双螺旋,而且他们把 DNA 的含水量少算了一半。这是由于沃森在听富兰克林的报告时没有做记录,富兰克林估算出 DNA 分子中每个核苷酸是由 8 个水分子环绕着的,而沃森却用脑子记成了每一段的 DNA 分子含有 8 个水分子。于是第一个模型宣告失败。

1952 年 12 月,鲍林宣布建立了 DNA 分子的结构模型。但他也犯了与沃森、克里克同样的错误,认为 DNA 分子是一个三螺旋模型。

1953 年 4 月 25 日,英国著名的科学期刊《自然》杂志发表了沃森、克里克的一篇优美精炼的短文,宣告了DNA分子双螺旋结构模型的诞生。这一期杂志还发表了富兰克林和威尔金斯的两篇论文,以实验报告和数据分析支持了沃森、克里克的论文。这一年,沃森年仅25岁,克里克也只有37岁,尚未获得博士学位。这两个年轻人之所以超越了其他看似更具实力的竞争者,赢得了这场科学赛跑的胜利,是由于他们具有清醒的宏观洞察力、非凡的科学想象力和严密的逻辑思维能力,选择了正确的研究路线,广泛借鉴他人的研究成果并加以综合性的科学思考。

1962年,沃森、克里克与威尔金斯因研究DNA双螺旋结构模型的成果,共同荣获了诺贝尔生理学或医学奖。

1952年,奥地利裔美国生物化学家查伽夫测定了DNA中4种碱基的含量,发现其中腺嘌呤与胸腺嘧啶的数量相等,鸟嘌呤与胞嘧啶的数量相等。这使沃森、克里克立即想到4种碱基之间存在着两两对应的关系,形成了腺嘌呤与胸腺嘧啶配对、鸟嘌呤与胞嘧啶配对的概念。

1953年2月,沃森和克里克通过威尔金斯看到了富兰克林在1951年11月拍摄的一张十分漂亮的DNA晶体X射线衍射照片,这一下激发了他们的灵感。他们不仅确认了DNA一定是螺旋结构,而且分析得出了螺旋参数。他们采用了富兰克林和威尔金斯的判断,并加以补充:磷酸根在螺旋的外侧构成两条多核苷酸链的骨架,方向相反;碱基在螺旋内侧,两两对应。

一连几天,沃森、克里克在他们的办公室里兴高采烈地用铁皮和铁丝搭建着模型。1953年2月28日,第一个DNA双螺旋结构的分子模型终于诞生了。

双螺旋模型的意义,不仅意味着探明了DNA分子的结构,更重要的是它还提示了DNA的复制机制:由于腺嘌呤总是与胸腺嘧啶配对、鸟嘌呤总是与胞嘧啶配对,这说明两条链的碱基顺序是彼此互补的,只要确定了其中一条链的碱基顺序,另一条链的碱基顺序也就确定了。因此,只需以其中的一条链为模版,即可合成复制出另一条链。

克里克从一开始就坚持要求在4月25日发表的论文中加上“DNA的特定配对原则,立即使人联想到遗传物质可能有复制机制”这句话。他认为,如果没有这句话,将意味着他与沃森“缺乏洞察力,以致不能看出这一点来”。

在发表DNA双螺旋结构论文后不久,《自然》杂志随后不久又发表了克里克的另一篇论文,阐明了DNA的半保留复制机制。

名句箴言

时间是由分秒积成的，善于利用零星时间的人，才会做出更大的成绩来。

——华罗庚

DNA双螺旋结构的成功发现

1953年4月25日，两位年轻科学家沃森和克里克的一篇重要论文——《核酸的分子结构——脱氧核糖核酸的结构》刊登在英国最权威的科学杂志《自然》里。他们在论文中宣布，他们已经发现了生物大分子脱氧核糖核酸即DNA分子的双螺旋结构。一个DNA分子有两条核苷酸链，这两条链以一定的间距平行地围绕同一根轴盘旋,形成右旋的双链螺旋体。这种结构与 DNA 的复制、转录及遗传信息传递都有密切关系,具有重要的生物学意义。沃森和克里克的发现,在分子水平上揭开了遗传现象的微观本质,开辟了生物遗传学的新纪元,从此分子生物学和分子遗传学诞生了。这项发现是 20 世纪生命科学乃至整个现代科学的最重要研究成果之一,1962 年,他们因这一发现而分享了诺贝尔医学和生理学奖金。

1944 年,奥地利著名物理学家薛定谔发表了一篇演讲,在演讲中,他试图用热力学、量子力学等理论来解释生命现象的本质,引进了非周期性晶体、负熵、密码、传递、量子跃迁式的突变等一系列概念,说明有机体的物质结构、生命活动的维持和延续、生命的遗传和变异等问题,开拓了研究生命现象的某些新途径。薛定谔的演讲稿在 1944 年出版,书名是《生命是什么》,副题是"活细胞的物理学观"。书中强调,自然界的一切规律都符合统计物理学定律,遗传物质是一种有机大分子,遗传性状以密码形式通过染色体而遗传等设想,对生物遗传学的发展起了重要作用。这本书在西方科学界负有盛名,影响颇大,被称为"唤起生物学革命的小册子"。它影响了一大批物理学家转而投身于生物学研究,并对分子生物学发展做出杰出贡献。沃森、克里克和威尔金斯都读过《生命是什么》一书,沃森说,正是这本书使他走向基因秘密的发现之路。

20 世纪初期,生物学家已经研究清楚,生物体性状由基因决定,基因即是遗传物质,基因在细胞核的染色体内,染色体由蛋白质、脱氧核糖核酸 DNA 和少量核糖核酸 RNA 组成。当时,在攻克 DNA 结构之谜的科学竞赛中,有五位科学家名列前茅。一位是美国加州理工学院的鲍林,他是著名的化学家,因发现蛋白质分子的 α 螺旋结构而蜚声国际科学界;两位英国结晶学家威尔金斯和年轻的女学者富兰克林,他们用第一流的 X 射线结晶学技术,拍摄了很多精彩的 DNA 分子 X 射线衍射图,以此直接分析 DNA 分子结构;还有两位就是美国生物学家沃森和英国物理学家克里克,论专业知识和专业技术比不上鲍林和威尔金斯、富兰克林,然而,他们选择了恰当的方法,即用建构模型来探索 DNA 的结构,同时以 X 射线衍射图谱作为参照和验证。沃森说:"特别重要的是我们认真讨论了鲍林是怎样发现蛋白质分子 α 螺旋的,我们发现螺旋并不是仅仅靠研究 X 射线衍射图谱,相反的,其主要方法是探讨原子之间的相互关系。"他不用纸和笔,主要工具是一组分子模型,这些模型从表面上看与学龄前儿童的玩具非常相似。为什么我们不能用同样的方法解决 DNA 分子问题呢!我们只要制作一组分子模型,动手摆弄起来就行了。

1949 年,克里克在剑桥大学卡文迪许实验室的医学科学研究院分子生物学研究室。此时,克里克的密友威尔金斯已经在 DNA 分子 X 射线衍射研究中取得很多宝贵资料。1950
年,沃森在美国印第安纳大学获动物学哲学博士学位,同年 9
月,他去丹麦哥本哈根学习生物化学,1951 年 5 月沃森在意
大利那不勒斯的一次生物学会议上见到威尔金斯,听到威尔
金斯关于 DNA 分子 X 射线衍射分析报告,第一次看到 DNA
结构的 X 射线衍射照片,促使沃森决心向核酸结构进军。同
年 8 月沃森到达英国,10 月正式到克里克所在的分子生物学
研究室工作,从此他们并肩作战,经过两个月的实验研究活
动,沃森为克里克的科学思想敏锐和对青年科学家的吸引力
所折服。

　　在沃森写给德尔布鲁克的信里曾这样赞扬克里克:"克
里克无疑是我过去从未接触过的最生气勃勃的人,也是我过
去从未见到过最像鲍林的人,事实上他看上去极像鲍林。他
总是不停地说话和思考,自从我和他在一起以后,我发现自
己也处在高度兴奋之中,他把许多优异的年轻科学家都吸引
到自己的周围。"从此两人紧密合作,共同为探索 DNA 分子
结构而刻苦钻研。

　　威尔金斯和富兰克林所拍摄的 DNA 分子 X 射线衍射照
片表明,DNA 分子由几个糖—磷酸骨架所组成。但这些骨
架如何结合到一起呢,结合力是化学键还是氢键,四种碱基
配对是同配还是异配,克里克请剑桥的青年数学家格里菲思
计算得出结论,碱基是不相似的配对,彼此之间以弱的吸引

力氢键相结合。下一个问题是碱基的数量关系如何。实际上，早在1950年，美籍奥地利生物化学家查哥夫就公开发表过有关的数据，"在迄今为止所有已经检验过的各种DNA中，总的嘌呤和总的嘧啶分子数比值，还有腺嘌呤和胸腺嘧啶的分子数比值与鸟嘌呤和胞嘧啶的分子数比值，都与1相去不远。"然而沃森和克里克并未看过这篇文献。直到1952年6月，查哥夫访问他俩的实验室后，二人才知道这些数据。格里菲思的计算结果与查哥夫的数据惊人地一致，这就是DNA分子可能为1∶1的不相似碱基配对。克里克意识到这一点是非常重要的，因为这能解释DNA分子结合在一起和DNA分子能自我复制。

组成DNA分子的原料堆砌联结在一起构成什么形状呢？起初，沃森和克里克曾经想象是直线排列，1951年看到鲍林发表多肽分子的α螺旋结构，两人决定把DNA分子也看成螺旋形。

螺旋究竟由几股核苷酸链组成呢？沃森和克里克主张三股螺旋，威尔金斯则主张单股螺旋。他们三人经常讨论DNA分子结构的问题，然而却没有选中双螺旋结构。

沃森与克里克用废弃不用的蛋白质分子结构模型材料制成一个DNA分子三螺旋模型，他们兴高采烈地把消息告诉威尔金斯所在的DNA小组，以为DNA分子结构已经找到，大功告成。第二天威尔金斯和富兰克林来看他们，立即

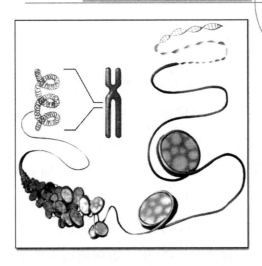

染色体和 DNA

发现他们对实验数据理解错了,三股螺旋模型便被否定了。从此,沃森和克里克情绪一度低落,沃森回去继续研究烟草花叶病毒,克里克则回去继续研究蛋白质。然而他们对建立DNA分子结构模型,仍然保持很大的兴趣,并且频繁地与各方面学者接触。

不久,鲍林在美国建立起DNA分子结构模型,沃森和克里克知道这个消息后紧张起来,立刻又加紧工作。这次沃森建立起一个双螺旋模型,糖—磷酸骨架在外,碱基在里,表面看来似乎已接近最后成功,但在配对碱基时却错误地坚持同配原则。

1953年2月19日,沃森的双螺旋同配模型已经成功,但同室工作的美国结晶学家多诺休指出,他们采用的鸟嘌呤与胸腺嘧啶的互变异构体搞错了。沃森旁引达维生《核酸的生物化学》书中的观点,坚持自己的观点是正确的。多诺休坦率地指出,教科书中列举的烯醇式在化学上很少见,正确的应该是酮式。由于多诺休是鲍林的老同事,长期从事有机物晶体结构研究,他的意见中肯、正确,还是具有权威性的,沃森采纳了酮式结构,进行重新调整,建立正确的双螺旋模型。

2月20日,沃森来到实验室,清出桌面,再一次摆弄起碱基模型来。接着多诺休和克里克也进来了,沃森以各种配对方式移动四种碱基。突然,他觉察到由两个氢键保持在一起的A—T配对与两个氢键相联结在一起的C—G配对,形式上完全相同,整个结构自然形成。就这样,沃森发现了碱基配对的正确规则。由氢键联系,两条无规则的碱基序列,可以合乎规则地排列在螺旋中间;而氢键的要求意味着腺嘌呤总是与胸腺嘧啶配对,鸟嘌呤只能与胞嘧啶配对。另外,查哥夫的规则,作为双螺旋的结果,突出得令人难以想象正确。更令人激动的是,这种双螺旋结构所暗示的复制格式比单纯同配更使人满意。

克里克在回忆这个茅塞顿开的过程时说:"我记得非常清楚,多诺休和沃森靠近黑板,我靠近写字台,我们忽然都想到,好了,我们多半可以由这种碱基配对说明1:1比例,在这时我们三人都有了这种思想——我们会把碱基摆在一起形成氢键。"这样,科学史上的一项伟大发现,就在办公桌上用铁块、纸板和铁丝摆出来了。

在 DNA 分子结构模型的建立过程中,沃森和克里克多次试验,犯过许多错误,出现多次失败挫折。但是,他们勤于思考,锲而不舍,勇于实践,不怕失败,在很多学者专家的协助下,最终实现了突破,到达了成功的巅峰。

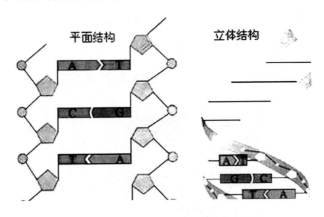

DNA 分子的结构模式图

初出茅庐的沃森因 DNA 分子的双螺旋结构模型而一炮而红,但他并不满足,仍然继续他的科学研究。1960 年,32 岁的他担任哈佛大学教授。他的代表作有《双螺旋结构》《基因分子生物学》,后者被视为最重要、最优秀的教材之一。1968 年,沃森临危受命担任冷泉港实验室主任,他把一个财政困窘,几乎关闭的实验室再度建成世界知名的科研基地,其中凝结了沃森的智慧和汗水。在那里,他培养了很多科学人才,为科学的发展注入了活力。

DNA 双螺旋结构问世后,为了取得博士学位,克里克不得不为论文忙碌,直到 1957 年取得博士学位后,他又进入剑桥大学分子生物学实验室,再度组织、领导对分子生物学的研究,成绩斐然,主要表现在:

1.中心法则的提出:

早在 1953 年 DNA 分子结构被发现之前,沃森就对 DNA 到蛋白质的遗传信息传递路线做出了预测:"DNA→RNA→蛋白质",但缺少深入分析。1958 年,克里克提出了遗传信息的中心法则,将 DNA、RNA 和蛋白质三种物质可

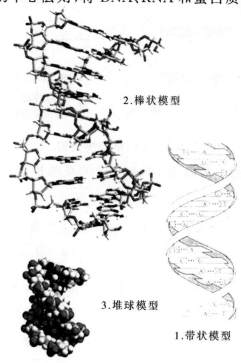

2.棒状模型

3.堆球模型

1.带状模型

DNA 分子结构模型

能具有的信息流都画了上去。后来,在人们弄清了三种 RNA 即 mRNA、rRNA、tRNA 的存在及作用,知道 DNA 经过转录可以形成 mRNA,mRNA 穿过核孔进入细胞质,在以 rRNA 为主形成的核糖体上,以 mRNA 为模板,以 tRNA 为运载工具合成蛋白质后,克里克对中心法则又进行了修改。

1965 年,科学家发现了 RNA 复制酶,说明 RNA 可以自我复制。1970 年,坦明和巴尔的摩在一种 RNA 病毒侵染的宿主细胞中分离出一种反向转录酶,它能使 RNA 反常地转向 DNA,从而整合到宿主的细胞上去。根据这些实际情况,克里克于 1970 年再次修改了中心法则,在这次修改中,他认为遗传信息从 DNA 到蛋白质的直接转移只是一种理论上的假设。

中心法则合理地说明了核酸和蛋白质两类大分子的联系和分工:核酸的功能在于贮存和转移遗传信息,指导和控制蛋白质的合成;蛋白质的主要功能是进行新陈代谢以及作为细胞结构的组成成分。

2.遗传密码表的建立

当 DNA 分子双螺旋结构公布于世后,人们认识到四种碱基的排列方式包含极大的信息量。如果是一个由 100 个脱氧核苷酸组成的 DNA,那么它所包含的最大信息量将达到 4100,这个数字比太阳系所有原子总数还要大 1000 倍,因此引起科学家极大兴趣,都想来破译遗传密码。人们经推理很明显地看出是 4 个碱基的排列决定蛋白质中 20 个氨基酸的排列，简化为数学排列组合只能是 4→20，为满足 20 这个数，4 的全排列只能是 $4^3 = 64$，这可以为编码 20 种氨基酸提供足够的信息。三联体密码方案初步建立起来，即 mRNA 分子中相邻的三个碱基称为三联体，它能决定多肽中的一个氨基酸，所以又把 mRNA 的三联体称为密码子。

克里克认为不仅存在一个三联体密码字典，可能还有起始密码、终止密码和同义密码。在克里克及众多科学家不懈努力下，1966 年遗传密码全部被破译出来：①所有遗传密码都是由三个连续的核苷酸组成；②许多氨基酸的密码子并非一个，而是由许多近似的核苷酸组成，即存在简并码；③3 个碱基的 64 种组合中，有 61 种可以用于编码各种氨基酸，其中 AUG、GUG 还是翻译的起始信号，称为起始密码子；另外三种组合不能编码任何氨基酸，它们全部是编码的终止符号，这就是 UAA、UAG、UGA，称为终止密码子。由此可以看出，克里克的推测多么准确，使我们看到了一个真正掌握科学脉搏的科学家，他的眼光有多么远大，他的思路有多么清晰呀！

1969 年，在克里克及其他科学家的不断努力下，克服种种困难，终于将核酸中的碱基排列与蛋白质合成联系起来，形成了遗传密码表，使人们一目了然，能迅速地掌握氨基酸合成时碱基的三联体密码。人们常把它与门捷列夫的元素周期表相媲美，它是生物学发展史上的重要里程碑。

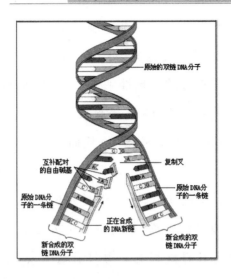

原始的双链 DNA 分子

互补配对
的自由碱基

复制叉

原始 DNA 分
子的一条链

原始 DNA 分
子的一条链

正在合成
的 DNA 新链

新合成的双
链 DNA 分子

新合成的双
链 DNA 分子

DNA 复制

沃森和克里克创建的 DNA 分子双螺旋结构模型,在以后的科学研究中得到进一步的证实,极大地推动了分子生物学的发展。1962 年,他们双双获得诺贝尔医学和生理学奖。

自从 1953 年,沃森和克里克提出 DNA 分子双螺旋结构模型以来,基因的分子生物学迅速发展起来。

1967 年,DNA 连接酶首次被分离出来,这种酶能使 DNA 分子的末端之间形成 3',5'－磷酸二酯键,因此可以使 2 个 DNA 分子连接起来。1970 年,科学家发现了第一种限制性内切酶,这种酶能识别特定的 DNA 顺序,并且在这个顺序内的一定位置上把 DNA 分子切断。1972 年,美国斯坦福大学的伯格等人设想,如果把猿病毒 DNA 和 λ 噬菌体

DNA用同一种限制性内切酶切割后,再用DNA连接酶把这两种DNA分子连接起来,就会产生一种新的重组DNA分子,这是分子克隆的开创性工作。1973年,科恩等人将外源DNA片段与质粒DNA连接起来,构成一个重组质粒,并成功地将其转移到大肠杆菌中,从而首次建立了分子克隆体系。

克隆是clone的译音,是无性繁殖的意思。分子克隆又称重组DNA或基因工程,是指用人工方法取出某种生物的个别基因,把它转移到其他生物的细胞中去,并使后者表现出新的遗传性状,这是一种DNA的无性繁殖技术。这项技术从20世纪70年代开始,迅速发展起来,先后培育出一些具有商业价值的转基因产品。例如1988年,我国科学家合成了抗黄瓜花叶病毒基因,并把这一基因引入到烟草等作物的细胞中,得到抗病能力很强的新品种。1989年,中国科学院武汉水生生物研究所的朱作言等科学家将人的生长激素基因成功地导入泥鳅、鲤鱼、鲫鱼的卵细胞中,从而使这些鱼的生长速度明显加快。基因工程在改良生物品种,治疗人类的遗传病等方面潜力还很大,但仍有很多难题需突破。

另外,在遗传工程中还有一种细胞水平的遗传。1997年,首例体细胞克隆羊问世。据1997年2月27日英国《自然》杂志报道,英国苏格兰卢斯林研究所的科学家们首次成

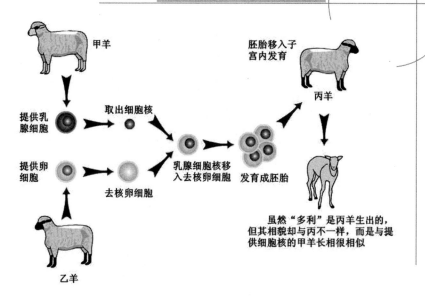

甲羊

胚胎移入子宫内发育

丙羊

提供乳腺细胞 取出细胞核

提供卵细胞

去核卵细胞 乳腺细胞核移入去核卵细胞 发育成胚胎

虽然"多利"是丙羊生出的，但其相貌却与丙不一样，而是与提供细胞核的甲羊长相很相似

乙羊

多莉的克隆全过程

功利用细胞核移植技术,经人工繁殖产生哺乳动物——多莉羊。其克隆过程大致是:从一个六龄母羊身上取乳腺细胞,经培养后取核,利用电打孔使该核进入另一只羊的去核卵细胞中,经培养后植入第三只羊的子宫中生长,直至分娩。经基因图分析,多莉与供核者基因组成相同,也就是说,多莉几乎是第一只羊的翻版,这就是无性繁殖——克隆,即细胞水平的遗传工程。这项实验的成功使由人体细胞克隆产生克隆人成为可能,从而引起了道德、伦理与法律等问题的激烈争论。

总之,一次新的技术或新的理论的产生与成熟,必将会带来新的革命与挑战。随着道德、法律的不断完善,人们终将受益。

在分子生物学飞速发展的今天，人们还是不能忘记它的创始人沃森和克里克。他们将一生都献给了 20 世纪的分子生物学，由他们两个人所掀起的狂澜，席卷了全球，带动一系列学科的发展。人们尊称他们为"分子生物学的元勋"。

知识是一种快乐，而好奇则是知识的萌芽。

——培根

名句箴言

两获诺贝尔化学奖第一人——桑格

桑格，1918 年 8 月 13 日生于英格兰格洛斯特郡的一个医生家庭，英国生物化学家。1938 年考入剑桥大学化学系，1943 年以《赖氨酸的代谢》论文获博士学位。后来历任英国医学委员会分子生物学研究所蛋白质化学实验室主任、剑桥大学教授等职。1954 年当选为英国皇家学会会员。由于桑格在蛋白质结构和核酸结构研究方面的杰出贡献,曾两次获得诺贝尔化学奖,这是诺贝尔化学授奖史上的第一人。

在 20 世纪 50 年代以前,桑格主要从事蛋白质的结构研究。经过多年的研究,成功找到一种用以测定胰岛素的分子结构的试剂,命名为 2,4 二硝基氟化苯。然后又经过 10 年的辛苦努力,应用逐段分解和逐步递增的方法,测定出胰岛素两条肽链分别含有 21 个和 30 个氨基酸的排列顺序和位置,并于 1955 年测定了胰岛素的一级结构,获得 1958 年诺贝尔化学奖。20 世纪 60 年代后,桑格的研究方向转向核酸方面,致力于对 DNA 和 RNA 结构的分析研究。他利用酶的生物活性,用生物学的处理方法,正确地确定了 RNA 中每种碱基的排列顺序和 DNA 中核苷酸的排列顺序。他还发展了脱氧核糖核酸的精确快速分析法。他用此法于 1977 年成功地测定了细菌病毒 ΦX174 脱氧核糖核酸分子的全部共 5,386 个核苷酸的排列顺序。桑格因设计出一种测定 DNA 内核苷酸排列顺序的方法而与吉尔伯特、伯格共获 1980 年诺贝尔化学奖。

桑格并不是什么生来的天才和神童,恰恰相反,小时候老师同学都反映他是个表现"平庸"的孩子,谁也没想到若干年后获得两次诺贝尔化学奖。据了解,桑格儿时考试分数通常一般,但是他的父母并没有因此而苛刻要求他,照样给他一个宽松的家庭环境,让他自由而茁壮地成长以至成为杰出的科学家。当然还应该感谢发现它的"伯乐"佩鲁兹。

桑格从小就对生物学产生了浓厚的兴趣。小哥俩经常一起到野外采集和制作动植物标本,一同阅读生物学方面的科普书籍,并时常进行讨论甚至争论。有时候,他们甚至为争相阅读一本好书或辩论一个问题而争执得脸红脖子粗呢!

因为桑格热爱生物学,并将自己的大部分精力投入在这方面,所以他的生物学方面的知识要远远高于与他同龄的孩子们。但是,生物学当时并不是学校的考核科目,所以这个特殊的爱好对提高小桑格的学习成绩似乎是没有什么正面的作用。他的学习成绩也一直非常"平庸",加之他性格偏于内向,在学校里也很少引起老师和同学们的注意。

虽然这样,桑格的父母也没有因为学习成绩不好而责备他,更没有要求桑格为追求一个好分数好成绩而放弃他自己的爱好去学习学校的考试科目,他们对桑格的考试分数高低并不十分在意,仍然任凭他畅游在生物学知识海洋当中,自得其乐,自由吸取知识的营养。因此,桑格从小到大,在学校里得过的唯一奖励就是"全勤奖",从来没有显示出过人的才华来。但是,儿时对生物学的痴迷爱好,恰恰是他所从事研究的生物化学领域的小小开端。他日后所取得的多项重要科学研究成果,可以说与他儿时的爱好有着千丝万缕的联系,是那些爱好的深入和发展,致使桑格两次获得诺贝尔化学奖,他是历史上唯一一位两次获奖者。

　　桑格 1939 年毕业于剑桥大学圣约翰学院,1943 年才获得哲学博士学位。1940 年,当时的英国剑桥分子生物学实验室主任佩鲁兹就聘请桑格到 MRC 工作。虽然在聘请之前,佩鲁兹倒是征求过一些人包括权威人士和一般人的意见,但并没有得到正面的评价和赞同。所以,相当多的人对佩鲁兹的选择感到不可思议,觉得不应该选这样一位没什么影响和资历的年轻人到鼎鼎大名的 MRC 工作,劝告佩鲁兹三思而行。但是,佩鲁兹显然更相信自己的判断力,不顾众人的反对,坚持邀请桑格到 MRC 来工作。当然,佩鲁兹在做这个决定时并不是单靠直觉不讲理性的一时冲动,主要出于两点很简单的理由:一是 MRC 需要像桑格这样年轻富于闯劲和思想解放的年轻人,这是佩鲁兹一贯的观点和 MRC 和剑桥的风格;二是当时 MRC 缺少化学专业方面的人才。

　　然而,独具慧眼的佩鲁兹通过自己的了解,认为桑格是一个很有思想的年轻人,有一种与他人不同的原创性或者说创新思维。这不仅体现在桑格的硕士课题和论文中提出了连博士课题都不曾具有的创意和思想,而且也体现在桑格毕业后极短的工作经历中。佩鲁兹有权独立聘用研究人员,所以他就以这样简单的理由和直觉把别人梦寐以求的机会送给了桑格。同时佩鲁兹和 MRC 为桑格提供了他工作和生活所必需而又充分的条件。当然,桑格后来的辛勤努力和才干的超常发挥,以自己两次获诺贝尔奖的成果不仅证明了佩鲁兹的眼光和选拔人才的正确,而且为 MRC 和剑桥增添了荣誉。

20 世纪 60 年代后,桑格的工作转向了核酸方面,致力于以 RNA 和 DNA 结构的分析研究。他利用酶的生物活性,用生物自理方法,确定了 RNA 中各种碱基的排列顺序和 DNA 中核苷酸的排列顺序。桑格首先发展了广泛应用的酶图解谱法,利用酶的切割作用在特定的位置上把 RNA 切割成很小的碎片,这样就能比较容易地确定 RNA 上碱基的顺序。随后,他又发明了一种新的、更巧妙、快速、精确的分析方法,称为直读法。他利用这种方法于 1977 年成功地测定了细菌病毒 X-174DNA 的全部共 5386 个核苷酸的排列顺序,这是对核酸分子的结构所进行的最精密的测定。这一工作又为人工合成 RNA 和人工合成生物性遗传基因打下了基础,从而使人工合成基因工作尽快得以实现。这样,桑格与 W. 吉尔伯特和 P. 伯格两个美国化学家三人共同获得了 1980 年诺贝化学奖——由于创立了 DNA 结构的化学和生物学分析法,以及首次制得了混合 DNA。

名句箴言

学习的敌人是自己的满足，要认真学习一点东西，必须从不自满开始。对自己，学而不厌，对人家，诲人不倦，我们应取这种态度。

——毛泽东

遗传密码破译核酸性质研究与

968年，41岁的美国科学家尼伦伯格、46岁的美国科学家霍利和46岁的美籍印度科学家科拉纳，收到诺贝尔奖金委员会的通知，授予他们该年度的诺贝尔医学和生理学奖，表彰他们在遗传密码破译方面所做的杰出贡献。真正了解遗传密码及其在不同组织和不同细胞中的变动方式，其意义是极其久远的,一个世纪以来,生命科学里还没有哪件事比这个发现更令人振奋和激动。

经过整整100年的奋斗,历经从1869年瑞士生物化学家米歇尔发现核酸到1967年遗传密码破译成功,几代人的艰苦努力总算取得了最后的胜利。

1869年,米歇尔在用胃蛋白酶分解蛋白质时,发现这种酶不能分解细胞核,经过化学分析发现,细胞核主要由一种含磷物质组成,性质与蛋白质相差很远,就把这种存在于细胞核中的物质叫核素。20年以后,人们发现这种物质具有很强的酸性,于是就称它为核酸。

德国生物化学家柯塞尔系统研究核酸的化学组成,他把核酸水解,分离出四种含氮化合物,分别命名为腺嘌呤(A)、鸟嘌呤(G)、胞嘧啶(C)和胸腺嘧啶(T),这就是脱氧核糖核酸的四种碱基。柯塞尔因此项发现荣获1910年度诺贝尔医学和生理学奖金。

1911年,柯塞尔的学生美籍俄国生物学家莱文发现,酵母核酸中含有核糖,胸腺核酸里也有一种类似核糖的物质,只是缺少一个氧原子,称为脱氧核糖。相应地,两种核酸分别称为核糖核酸RNA和脱氧核糖核酸DNA。1934年,莱文又把核酸分解成一些彼此相似的碎片核苷酸,他指出核酸分子由若干核苷酸组成,像蛋白质分子由许多氨基酸组成一样,也是一种生物大分子。

　　1944 年,三位美国生物化学家艾弗里、麦克劳德和麦卡蒂,从光滑型肺炎球菌里分离出纯的 DNA,加至粗糙型肺炎球菌中,结果使粗糙型肺炎球菌变成光滑型的了,由此证明了 DNA 起到基因作用。许多方面的研究都发现,从遗传的观点来看,与 DNA 结合在一起的蛋白质是多余的,不论是染色体里的 DNA 还是细胞浆小体中的 DNA,其本身具有全部遗传功能,这项工作成果引起了科学家对 DNA 的重视。

　　1948～1950 年,美国生物化学家查哥夫经过实验证明,核酸的组成相当复杂,在每个核酸分子中,嘌呤数和嘧啶数各不相同,但它们之间存在一个确定的规律,每个 DNA 分子的嘌呤数与嘧啶数之比为 1:1,而且腺嘌呤数与胸腺嘧啶数相等;鸟嘌呤数与胞嘧啶数相等。

　　1952 年,英国生物化学家托德证明了,核苷酸片断之间由磷酸二酯键联结,形成糖—磷酸骨架把许多核苷酸连成长链大分子,其分子量达

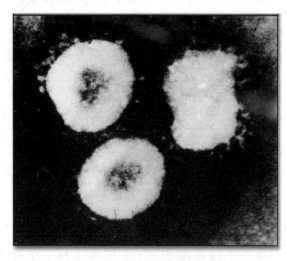

噬菌体感染细菌

10^9。托德因此项研究成果荣获 1957 年诺贝尔化学奖。

与此同时,移居美国的德国物理学家德尔布鲁克和意大利生物学家卢利亚、赫尔希领导的噬菌体小组,进行着细菌遗传学的重要实验,噬菌体进入宿主细菌大肠杆菌后,30 分钟即可自我复制 100 次。赫尔希和他的学生蔡斯用磷、硫同位素分别标记噬菌体的蛋白质和 DNA,结果发现,只是噬菌体的 DNA 进入大肠杆菌中,其蛋白质外壳留在外面,证明噬菌体 DNA 携带着自我复制的全部信息,这三位科学家因此项发现而荣获 1969 年诺贝尔医学和生理学奖金。

1953 年,美国生物学家沃森、英国物理学家克里克和英国结晶学家威尔金斯、富兰克林进行的 DNA 分子结构模型研究取得突破,沃森和克里克发现了 DNA 双螺旋结构。沃森、克里克和威尔金斯因这项伟大成就而共同分享了 1962 年诺贝尔医学和生理学奖金。DNA 分子的自我复制过程是,其双螺旋

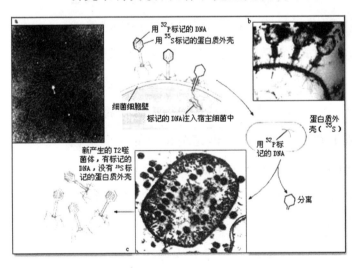

噬菌体侵染

两条链彼此分开,各自按确定的碱基配对规律彼此配对,即:

腺嘌呤—胸腺嘧啶,用符号表示为 A—T

鸟嘌呤—胞嘧啶,用符号表示为 G—C

形成自己的互补键,结果产生两个新的 DNA 分子与原来的 DNA 分子完全相同,这便是遗传。

科学实验证明这种过程,如果让细菌在含氮—15 的介质中生长,之后突然换成只含氮—14 的介质,按双螺旋模型,一个 DNA 分子两条链彼此分开,并以此为模板进行自我复制,首次复制结束时得两个子一代 DNA 分子,每个分子的两条链分别含有氮—15 和氮—14;第二次复制得四个子二代 DNA 分子,其中两个分子与子一代分子相同,另两个分子的两条链都只含有氮—14。总起来说,每半个分子都在形成它自己所缺少的那一半分子过程中起主导作用,并用氢键彼此固定起来,通过这种方式,它重新形成了完整的双螺旋 DNA 分子,原来一个 DNA 分子分成的两个半个分子,就形成了两个完整 DNA 分子。一个染色体上的全部 DNA 分子都完成这个过程,就制造出和原来那个染色体完全相同的两个染色体。这就是细胞分裂的本质,也是遗传的微观机制。

DNA 分子的自我复制,只能使它存在下去,它是如何完成合成特定蛋白质分子的呢?1954 年,沃森和克里克指出,DNA 分子通过转录,以自己的核苷酸排列次序决定 RNA 分子中核苷酸排列次序;再通过翻译决定合成蛋白质分子中氨基酸的排列次序。

同年,美籍俄国天文学家伽莫夫提出,DNA 分子核苷酸的不同组合,可能就是像莫尔斯电报电码那样的东西,形成传递各种信息的密码——遗传密码。但是 DNA 分子中只有四种不同的碱基,如果每次取四个排列,构成密码的总数为 $4^4=256$,对 20 种氨基酸来说是太多了;如果每次取三个排列,则构成 $4^3=64$ 个密码;如果每次取 2 个则只有 16 个密码。看来由三个碱基一组构成密码是比较适合的。

但是,由于 DNA 分子存在于细胞核内,这样遗传密码就像锁在细胞核里一样,如何将密码信息传达到细胞核外呢?法国生物化学家雅各布和莫诺首先想到 RNA 是起媒介作用的物质。RNA 的分子结构与 DNA 很相似,并且既可以存在于细胞浆中,也可以存在于细胞核中。当 DNA 分子的两股螺旋脱开后,其中的一股链开始用形成 RNA 的核苷酸进行自我复制,原来 DNA 分子这一股链上的腺嘌呤不再连胸腺嘧啶,而是连尿嘧啶,形成的 RNA 分子带着印在其核苷酸顺序的遗传密码,从细胞核进到细胞浆中。这种 RNA 就像带着 DNA 信息的使者一样,被称为信使 RNA,用 mRNA 表示。

1956 年,美籍罗马尼亚生物化学家帕拉德,用电子显微镜发现,酶是在细胞浆里的细小颗粒中制造的,这些小颗粒中富含 RNA,叫核糖体。带着遗传密码的 mRNA 到了核糖体，便自己铺展开来，这些小粒核糖体也叫细胞器，是合成蛋白质的场所。这一步研究工作是美国生物化学家霍格兰完成的，他发现脑浆里有一种很小的 RNA 分子，它可以自由溶解在细胞浆的液体里，称为可溶性 RNA 分子，每个这种 RNA 分子的一端都有一个特殊的核苷酸三联体，这个三联体和 mRNA 链上的一个三联体正好互补，这个 RNA 的另一端有一个点，这个点只能连上某种特定的氨基酸分子。在每一个这种 RNA 的分子上，一端三联体总是意味着另一端应该是哪一种特定的氨基酸。所以，mRNA 上那个与它互补的三联体就意味着，附到它上面的一定是某种特定的带着特定氨基酸的 RNA 分子，一大群 RNA 分子会一个接一个按顺序附到 mRNA 的各个三联体上，而这些三联体都是用特定基因的 DNA 分子翻造出来的。所有的氨基酸排列好以后，很容易连在一起形成酶蛋白质分子。mRNA 用这种方式将信息传递给蛋白质分子，完成这种职能的 RNA 就叫转移 RNA，简写为 tRNA。

1964 年，美国生物化学家霍利领导一个研究小组，用适当的核酸内切酶，把丙氨酸 mRNA 分子分解成许多小片，然后分析这些小片，并推导出它们是如何装配到一起的。丙氨酸 mRNA 是第一种透彻研究的天然核酸，他们发现丙氨酸 mRNA 由 77 个核苷酸构成链。最初，人们曾推测 mRNA 分子单链可能像发夹一样，中间弯折，两端互相绞成双螺旋。

丙氨酸 mRNA 的结构并不是这样,它看上去好像一株不匀称的三叶草,霍利由于这项研究成果,分享了 1968 年度诺贝尔医学和生理学奖金。

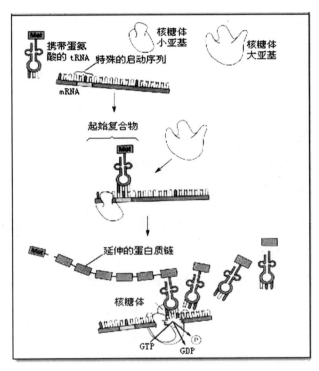

蛋白质的合成

但是,DNA 并不是任何时候都以同样的速度组织酶和蛋白质的合成。有些时候工作效率很高,另一些时候则慢悠悠地工作,有时甚至一点也不工作。有的细胞以极高的速度合成蛋白质,最快时每个细胞 1 分钟能结合 1500 万个氨基酸成为蛋白质;有的细胞则制造得很慢;还有的细胞根本不制造蛋白质,机体的各种细胞的结构和功能都高度专一化了,然而DNA分子却是统一的。细胞通过对DNA分子进行封锁和解放,制造出不同的蛋白质组合,不同的时间里,也可以制造不同的蛋白质。细胞通过特定的物质达到这一目的,早在1961年,雅各布和莫诺就提出——每个基因都有自己的抑制物,它是一个调节基因编码,这种抑制物是很小的蛋白质,它的几何构型可因细胞内环境的轻微变化而改变,从而把DNA分子封闭,也可以把它释放,以此操纵蛋白质的合成,这就是操纵子概念。雅各布和莫诺因这项科学成果与勒夫共同分享了1965年度的诺贝尔医学生理学奖金。

信息不仅能从DNA向蛋白质方向传递,而且也能反馈。因此,当某种氨基酸浓度增高时,抑制物被激活,把这个能制造特定酶生产特定氨基酸的基因关闭起来;如果该种氨基酸浓度下降,相应的基因就被打开,制造特定酶生产这种氨基酸。细胞里的化学机器非常复杂,而且互相关联构成统一的机体单元。

那么,哪一个密码子代表哪一种氨基酸呢?这个问题,由于尼伦伯格和马太的工作,早在1961年就开始出现答案了。他们起初用合成只含尿嘧啶核苷酸的核酸,这个聚尿苷酸由UUUU……的长链构成,它只代有一种遗传密码子UUU。他们把这种长链放入一个含有多种氨基酸、酶、核糖体和合成蛋白质所需各种物质的系统中,从这种混合物里得出的一种蛋白质,只由一种苯丙氨酸构成。这表明密码子UUU 和苯丙氨酸是相应的,于是,它就成了第一个破译的遗传密码了。接着是以尿嘧啶核苷酸为主加上一点腺嘌呤核苷酸来制造核苷酸链,这意味着,除 UUU 密码子外,还可能有少量 UUA、AUU、UAU 密码子,实验结果表明,此时生成的蛋白质主要成分是苯丙氨酸,同时也含有少量亮氨酸、异亮氨酸和酪氨酸。通过这类办法,慢慢破译密码子,最后破译了 20 种氨基酸的全部三联体密码子,并且把它们列成了密码表。从而在微观分子水平上解开了遗传之谜,完成了科学史上的一项伟大工作。

名句箴言

春蚕到死丝方尽，人至期颐亦不休。一息尚存须努力，留作青年好范畴。

——吴玉章

法国分子生物学元勋——莫诺

20世纪中期有一位杰出的分子生物学家，他和雅各布等人一起在分子水平上探讨了基因的调控机制，创立了操纵子理论。这一理论在生物学史上具有划时代的意义，其重要性有人认为不亚于沃森和克里克的 DNA 双螺旋分子模型。他的科学成就和极富传奇色彩的一生给人留下了深刻的印象。

他是谁呢？他就是雅克·莫诺。1910年2月9日雅克·莫诺于生于法国巴黎。父亲卢森·莫诺是画家,爱好音乐和读书,对达尔文进化论有特殊兴趣,对莫诺影响很深。母亲是苏格兰血统的美国人。莫诺是他们家的第三个儿子。几经辗转后全家于1917年定居法国东南地中海城市戛纳。莫诺的中学教育就是在这里接受的。1929年,莫诺进入巴黎大学生物系,1931年获学士学位。在北部生物实验站实习期间,莫诺结识了泰瑟尔、拉普金、莱沃夫和埃弗鲁西四位法国生物学家,他们对莫诺的科学生涯具有十分重要的影响,特别是莱沃夫一直是莫诺的老师、同事和终生挚友。

莫诺大学毕业后受过一年微生物学训练,研究过三年单细胞纤毛虫,还到过格陵兰进行生物学考察。1934年成为巴黎大学动物实验室助教。1936年,埃弗鲁西得到洛氏基金会资助在法国发展遗传学,他看中了莫诺,便带他到美国摩尔根实验室学习一年。在那里,莫诺深受摩尔根小组学风的影响,也从此进入遗传学

莫诺

研究领域。

莫诺回国后在泰瑟尔的领导下准备博士论文。从 1937 年起,他听从莱沃夫的劝告和指导,改用大肠杆菌进行生理学研究。在实验中,他发现了所谓"二阶段生长曲线"的现象,这实际上已经是莫诺关于基因调控研究工作的开端。

1938 年,莫诺与布鲁尔结婚。她是一位考古学家,对中国西藏和尼泊尔艺术有专攻,后来成为一座博物馆馆长。他们生有一对孪生子,后来一个成为物理学家,一个成了地质学家。

二战爆发,巴黎沦陷。莫诺参加了反法西斯的地下抵抗运动,科学研究工作时断时续。1941 年夏,莫诺取得博士学位。他把犹太血统的妻子和两岁的孪生子送到乡村,自己留在巴黎坚持斗争。由于敌人的搜捕,1943 年莫诺被迫离开巴黎大学,转到巴斯德研究所莱沃夫实验室,一边从事反法西斯斗争,一边研究细菌中的适应酶问题。

1944 年底,战争总算结束,莫诺退役回到巴黎大学,全身心投入科学研究工作。由于他的工作不受学校重视,1945 年秋他又转到莱沃夫所在的巴斯德研究所,在微生物生殖实验室继续其大肠杆菌生理的研究。1953 年任细胞生物化学系主任,1971 年任巴斯德研究所所长,直至 1976 年逝世。

莫诺关于基因调控理论的研究,始于 1937 年他用糖液培养大肠杆菌过程中发现的所谓的"二阶段生长曲线"这一异常现象。本来,用各种单糖、双糖或其混合物为能源培养细菌,其生长速度是糖浓度的函数。但是,当莫诺用葡萄糖和乳糖同时作为能源时,曲线开始上升,在葡萄糖用完时,曲线变得平坦,过一段时间以后再上升。这就是所谓"二阶段生长曲线"。莫诺开始以为是发生了某种抑制作用。但莱沃夫告诉他,消化乳糖的酶需要一段时间以后才出现,类似于早先有人提出过的"酶的适应作用"。莫诺在相当长的时间里受这一思想影响,直到 1943 年,莫诺在研究了前人的许多实验和假说的基础上仍然认为,他在细菌中发现的二阶段生长曲线是表明酶的适应作用的一种特殊生化模式。可以说,莫诺从 1943 年开始,一直坚持的指导思想是:"适应酶"是由于对"底物"的适应,是从体内已经存在的"前体"转变而来的。但是到 1948 年,由于他和美国纽约大学的科恩的合作研究,他宣布放弃"酶的适应作用"的概念,建立起"酶的诱导作用"的概念,亦即分解乳糖的酶是由于"底物"的诱导产生的。"适应酶"也从而改称"诱导酶"。这时,莫诺发现在乳糖代谢中不是只有一种酶而是有三种酶的共同参与。除了半乳糖苷酶外,还有半乳糖苷通透酶和半乳糖苷转乙酰酶。这三种酶都由一个共同诱导物激活,莫诺推论控制这三种酶合成的基因在染色体上必定是相邻的。

1950 年,原来学习外科医学的弗朗索瓦·雅各布由于兴趣的驱使,到莱沃夫实验室做研究生。他思想活跃,善于钻研,长于实验。他的到来,促进了莫诺的研究。特别是他建立的细菌有性繁殖遗传实验分析方法对莫诺乳糖体系研究计划的开展起了关键作用。1957 年 9 月,更由于美国加州伯克利大学病毒实验室的帕迪利用休假来到莫诺实验室工作,使他们三人有机会得以共同进行一项用细菌遗传分析研究乳糖体系的计划,这就是在科学史上十分有名的所谓"Pa Ja Mo 实验",Pa、Ja、Mo 分别由三个人姓名的前两个字母拼成。这一实验对乳糖操纵子理论的建立起了决定性的作用。

"Pa、Ja、Mo 实验"的基本内容是:将能合成半乳糖苷酶的细菌(z+)与不能合成该酶的细菌(z−),以及加入诱导物后能合成该酶的细菌(i+)与不需诱导物就能合成该酶的细菌(i−),进行相互之间的交配,记录酶产生的时间和酶活性的增长速度,找出相互之间的关系。这是由帕迪、雅各布以及莫诺三人合作进行的一系列实验,主要由帕迪实际操作,是一项既花费时间和精力又十分枯燥乏味的劳动。然而,对这一系列实验结果的解释,却导致了一个崭新的遗传理论——基因调控理论的提出。

这一理论认为:在大肠杆菌中,控制乳糖代谢的三个结构基因是在细胞染色体的相邻位置上,受同一"开关"的控制,因为这三种酶的产量总是相关的,而且这些基因的排列是顺型的。决定开关的基因被称为"操纵基因"。操纵基因位于三个结构基因的与 z 相邻的一端。操纵基因与结构基因组成一个操纵子。过去作为诱导基因的 i,实际上是一个调节基因,决定着一种阻遏物的生成,并区别于直接决定蛋白质结构的结构基因。i 基因位于 o 基因的另一端,o 基因则在 i 和 z 两基因之间。开关调控的机制是:当细菌细胞内诱导物不存在时,i 基因产生的阻遏物阻止了操纵基因的开动,mRNA 不能转录结构基因上的密码,蛋白质的合成不能进行,即这时三个结构基因都处于"关闭"状态。但是在加入诱导物后,基因产生的阻遏物与诱导物结合而失活,操纵基因随之开动,mRNA 的转录开始,蛋白质合成进行,分解乳糖的三种酶得以产生。当细胞中乳糖被分解完后,阻遏物又恢复其活性状态,重新又阻止操纵基因的开动。这个既有实验又有理论的长篇报告,题为《蛋白质合成的遗传调节机制》,由莫诺执笔,与雅各布联合署名,发表在 1961 年英国的《分子生物学杂志》上。

这篇报告是第一篇系统论述在基因水平上调节控制的科学文献,包括了从适应酶开始到操纵子理论建立的全部内容。在该文中,莫诺和雅各布第一次预言了 mRNA 的存在和作用,并很快由雅各布和布伦纳用实验证实。它丰富了"一个基因一个酶"的理论。这份报告是 1960 年 12 月完成的,尽管这时有关蛋白质生物合成的各种假说已被分子生物学界所接受,但实验的直接证据还不很充分,第一个被破译的遗传密码的实验结果还是在 1961 年夏天才宣布的。所以,在这个时间莫诺和雅各布提出乳糖操纵子理论,阐明基因调节控制蛋白质的合成,其创见性和洞察力确是惊人的。

莫诺和雅各布提出的乳糖操纵子模型是分子遗传学中继DNA分子结构以来的另一项重大成就,在发表当时,生物学界反应之强烈,较之1953年沃森和克里克的DNA双螺旋模型实有过之。它开创了基因调控机制的研究,预言了mRNA的存在,导致mRNA的证实,从而使遗传密码的实验研究得以开始,因而使分子遗传学的整个体系得以建立,其意义十分深远。莫诺、雅各布和他的导师莱沃夫也"由于酶的遗传控制和病毒合成方面的发现",在1965年荣获诺贝尔生理学或医学奖。他们三人都是法国人,不仅为法国科学界也为法国人争得了光彩,因为这是自1935年约里奥·居里夫妇获化学奖的三十年后法国人再次获奖。

莫诺于1976年5月31日在戛纳患白血病去世,享年66岁。

莫诺在科学史上享有崇高的地位。他不但是遗传调控理论——操纵子学说的创立者,而且还有着其他方面的重要建树,如他建立了蛋白质的变构理论。在上世纪分子生物学家的精英中,他和克里克同时被誉为"理论家"。在莫诺去世后,他的老师和挚友莱沃夫曾颂扬说:他不仅有一系列伟大发现,而且每一发现都产生了新概念,开辟了新前景,他不仅是一位才华横溢的科学家,而且是一位声誉卓著的学派奠基人。

化学键的理论先驱——鲍林,1901年2月出生在美国的俄勒冈州波特兰市,这是一个伟大的生命。1922年,也就是21年后,他成为州立学院的化工理学士。过了四年,他又戴上了加州公学院最佳哲学博士的桂冠。

在他的一生中,曾先后在几十所著名的大学从事教学和科研工作。在化学、分子生物学上做出了卓越的贡献。

"对于聪明而不愿勤奋的人,我从来就对他不怀好感。"这就是他的人生格言,而他正是这样的一个从不自持聪明,始终不辞艰辛地在科学的高峰和崎岖的道路上攀登的人。

鲍林早期的成就是创建近代化学键理论,揭示了化学键的本质。所谓化学键,是指分子中原子间相互连接起来的一种作用。这种看不见、摸不着的化学键,是否真正存在呢?其本质是什么呢?当时尚无人知道。

鲍林即对这个问题发生了极大的兴趣,开始于大学一年级的时候,并立志要攻克这个堡垒。但他深知凭自己的能力,现在还为时尚早。于是他埋头于化学图书馆中,废寝忘食,刻苦学习。查阅各种资料,博览群书,汲取营养,充实、提高自己。同时，不断参加一些研究性工作。这些都为他以后的创造性工作打下了坚实的基础。

1926年，鲍林又远渡重洋，慕名来到"化学王国"德国。当时，欧洲正值量子理论风靡科学界的日子。一代量子理论大师像海森堡、玻耳、薛定谔、狄拉克等不断有观点问世。量子理论日臻完善。鲍林虚心地向他们学习，深受教益。经过多年精心研究，特别是受到方兴未艾的量子理论的启发，终于在1939年发表了他那部惊人的著作——《化学键的本质》。

文章指出，化学键就是分子或原子团之间因电子配合关系而产生的相互结合。简言之，化学键的本质就是电子的相互作用。这种相互作用有三种形式，即化学键的三种基本类型：共价键、离子键、金属键。各种各样的分子的化学键不同，也就意味着分子的性质差异。因此，掌握了化学键理论，就掌握了人工合成大门的一把钥匙。在该理论指导下，人工合成出一个又一个新物质，事实雄辩地证明了鲍林理论是正确的！

鲍林博士的重大成就让他两次获得诺贝尔奖之外，同时还荣获了美国化学学会的纯粹化学奖、国家科学奖、1977年苏联科学院罗蒙诺索夫金质奖章等十多项奖赏。此外，世界许多著名学府授予他荣誉博士学位和科学院荣誉院士称号。

在当今世界众多的化学家中,鲍林可以称得上是成就最突出的代表人物之一,他的研究工作范围非常广泛,许多方面都处于领先的地位,如:①他对化学键本质有深入的研究,首先提出化学键可能有一种混合特性,即既含有共价性,又含有离子性;②第一个提出"电负性"概念,并确定了元素的电负性值,有助于预见各种化合物的共价性和离子性程度;③把"共振"这个术语用于化学键理论;④首先提出氢键在本质上和程度上与共价键以及范德华力不同;⑤第一个提出蛋白质分子具有螺旋状结构。

鲍林还是少有的获得过两次诺贝尔奖金的科学家之一,下面让我们再来回顾一下鲍林的成长历程。1901年2月28日,在美国西部俄勒冈州的波特兰市一位药剂师的家里降生了一个男婴,他就是后来闻名遐迩的化学家莱纳斯·鲍林。在莱纳斯·鲍林的幼年时期,他对于观察父亲在药房里配制各种粉剂和药膏非常感兴趣。不幸的是,在他九岁的时候,父亲就去世了,但是父亲的影响仍然在促使他爱好和学习化学。

在鲍林十一、二岁时,就经常去他的好友杰弗里家里玩,好友让鲍林看一些有趣的化学实验。鲍林记得最清楚的实验乃是将糖与氯酸钾混合,然后加上几滴浓硫酸,立刻发生了剧烈的反应,一面冒着水蒸气,一面生成了蓬松得像发面一样的黑色碳粒。鲍林还从父亲的朋友处得到了很多化学药品,于是他自己也做起了化学实验。

在高中时,化学老师不但让鲍林做有机化学实验,他还做了一系列定性分析实验。后来,鲍林居然能够协助老师对学校买来的煤和油进行热量测定。

鲍林在俄勒冈州州立学院学习的专业是化学工程,1922年获学士学位。但是他已经认识到自己所要选择的职业是化学,而不是工程。于是,他申请到加州理工学院学习,他被允许作为兼任助教工作的研究生。由于他的努力,1925年获该校哲学博士学位。毕业后,曾往欧洲留学,1927年回母校任教,1931年升任教授。他在加州理工学院一直工作到1963年。1963~1967年他担任加州圣巴巴拉民主学院研究中心的物理学和生物学教授。1967~1969年任圣地亚哥的加利福尼亚大学化学系教授。1969~1973年任斯坦福大学教授。1973年后,任以鲍林命名的科学和医学研究所研究教授。

鲍林早期最主要的研究课题是化学键理论。当他还在大学时,就感到应该用化学键来解释物质的性质。后来又在加州理工学院利用 X 射线研究晶体结构,发表了涉及核间距和预言晶体结构的论文。

分子生物学的诞生和发展

1922～1933 年,物质结构研究领域发生了更巨大的变化,量子力学在化学中的运用,使鲍林能够应用这一理论来研究原子和分子的电子结构以及化学键的性质。例如,在化学键理论方面,柯塞尔曾经提出过离子键概念;路易斯则提出过共价键概念。鲍林认为,离子键和共价键是两种极端的形式。事实上,还可能存在一些介于离子键和共价键之间的中间结构,它们是这两种键的不同结合形式。也就是说,化学键可能有一种混合的特性,其中既含有离子键,也含有共价键。1932 年,鲍林提出了电负性概念,并确定了很多元素的电负性的数值。他以键能的计算为基础,给每种原子指定一个电负性值,电负性最强的氟的数值是 4,最弱的是 0.7。电负性有助于预计各种化合物的离子性或共价性的程度,在阐明无机化合物的性质以及化学键的稳定性方面有一定的作用,它是鲍林对现代无机化学和物理学化学理论的一大贡献。

鲍林是把"共振"这一术语用于化学键的第一位科学家。

鲍林的有关化学键方面的论述主要发表在《化学键的本质》和《量子力学导论》中,这两本著作也是他的代表作。其他还有《分子的构造》和《线光谱的结构》等书。鲍林写的大学化学教科书也是颇为有名的,例如《普通化学》和

《大学化学》。其中,《普通化学》的原版及其中译本曾被我国的高等学校化学系采用。

鲍林的研究领域也包括化学向生物学和医学的渗透。例如,他提出了纤维状蛋白质分子的 α—螺旋体模型;他的有关镰状细胞贫血和其他遗传性溶血性贫血的异常血蛋白的研究则具有开创的意义;他还研究维生素 C 与癌症发病率和死亡率的关系以及维生素 C 对治疗感冒的功能。

对蛋白质多肽链的结构,鲍林指出了两点:第一,酰氨基的 C—N 键键长平均为 1.32 埃,比正常的单键要短,因此它具有一定的双键成分,在肽链的每一个氨基酸单位中,酰胺基团应具有平面结构;第二,酰胺基团之间应形成尽可能多的氢键。

根据以上两点提出蛋白质分子的 α 螺旋体模型,他指出:在肽链分子内部要满足最大限度的氢键,可能形成两种螺旋体,一种是 α—螺旋体,它在螺旋体的每一转中包含 5.1 个氨基酸单位;另一种是 γ—螺旋体,每一转中包含 5.1 个氨基酸单位。后来,α—螺旋体在一系列 α—型纤维蛋白、合成多肽和球蛋白晶体的 X 射线衍射图上得到了证实,α—螺旋体是蛋白质二级结构的一种重要形式。因此,鲍林可算是最早提出蛋白质多肽链的结构的科学家。从此以后,关于这方面的研究有了很大进展,例如,我国科学工作者分别于 1971 年和 1972 年完成了分辨率为 2.5 埃和 1.8 埃的胰岛素晶体结构测定工作。

鲍林一生获得过不少荣誉,有三十所有名的大学授予他荣誉博士学位,并曾担任许多国家的科学院荣誉院士。1949 年他一度当选为美国化学会主席。

鲍林曾两次获得诺贝尔奖金。第一次是由于他对化学键本质的研究以及用化学键理论来阐明复杂物质的结构而获得了 1954 年诺贝尔化学奖;第二次是由于他尽力反对战争,1955 年他与爱因斯坦等人呼吁科学家反对毁灭性武器。1957 年他起草了"科学家反对核试验宣言",有 49 个国家 11000 余名科学家签了名。同年又发表《不要再有战争》一文。为此他于 1962 年获诺贝尔和平奖。至于其他的奖励,则更是不胜枚举,其中包括吉布斯奖章、理查兹奖章、吉尔伯特—牛顿—路易斯奖章、巴斯德奖章、戴维奖章、罗蒙诺索夫奖章以及马丁·德·金医学成就奖等等。可以毫不夸张地说,鲍林完全称得上当代卓有成就的杰出化学家。

鲍林与我国化学界有着密切的联系,我国化学家唐有祺曾在他的指导下学习五年,获哲学博士学位。化学家卢嘉锡也曾在鲍林指导下进行博士后研究。鲍林还曾两次访问我国,与我国化学界进行了广泛的学术交流。

分子生物学类及应用

名句箴言

少而好学，如日出之阳；壮而好学，如日中之光；老而好学，如炳烛之明。

——刘向

分子遗传学

分子遗传学发展历程首先要从 1944 年美国学者埃弗里等在肺炎双球菌中，证实了转化因子是脱氧核糖核酸开始讲起，这项发现阐明了遗传的物质基础。1953 年，美国分子遗传学家沃森和英国分子生物学家克里克提出了 DNA 分子结构的双螺旋模型，这一发现常被认为是分子遗传学的真正开端。

1955 年，美国分子生物学家本泽用基因重组分析方法，研究大肠杆菌的 T4 噬菌体中的基因精细结构，其剖析重组的精细程度达到 DNA 多核苷酸链上相隔仅三个核苷酸的水平。这一工作在概念上沟通了分子遗传学和经典遗传学。

在基因突变方面，在 1927 年马勒和 1928 年斯塔德勒就用 X 射线等诱发了果蝇和玉米的基因突变，但是在此后一段时间中对基因突变机制的研究进展很慢，直到以微生物为材料广泛开展突变机制研究和提出 DNA 分子双螺旋模型以后才取得显著成果。例如碱基置换理论便是在 T4 噬菌体的诱变研究中提出的，它的根据便是 DNA 复制中的碱基配对原理。

在 20 世纪 40 年代初提出了"一个基因一种酶"的假设，这是美国遗传学家比德尔和美国生物化学家塔特姆根据对粗糙脉孢菌的营养缺陷型的研究而推断出来的，"一个基因一种酶"的提议，沟通了遗传学中对基因的功能的研究和生物化学中对蛋白质生物合成的研究。

按照一个基因一种酶假设，蛋白质生物合成的中心问题是蛋白质分子中氨基酸排列顺序的信息，究竟以什么形式储存在 DNA 分子结构中，这些信息又通过什么过程从 DNA 向蛋白质分子转移。前一问题是遗传密码问题，后一问题是蛋白质生物合成问题，这又涉及转录和翻译、信使核糖核酸、转移核糖核酸和核糖体的结构与功能的研究。这些分子遗传学的基本概念都是在 20 世纪 50 年代后期和 60 年代前期形成的。

1960～1961 年,分子遗传学中另一重要概念——基因调控由法国遗传学家莫诺和雅各布提出。他们根据在大肠杆菌和噬菌体中的研究结果提出乳糖操纵子模型。接着在 1964 年,又由美国微生物和分子遗传学家亚诺夫斯基和英国分子遗传学家布伦纳等,分别证实了基因的核苷酸顺序和它所编码的蛋白质分子的氨基酸顺序之间存在着排列上的线性对应关系,从而充分证实了一个基因一种酶假设。此后真核生物的分子遗传学研究逐渐开展起来。

用遗传学方法可以得到一系列使某一种生命活动不能完成的突变型,例如不能合成某一种氨基酸的突变型、不能进行 DNA 复制的突变型、不能进行细胞分裂的突变型、不能完成某些发育过程的突变型、不能表现某种趋化行为的突变型等。不过许多这类突变型常是致死的,所以各种条件致死突变型,特别是温度敏感突变型常是分子遗传学研究的重要材料。在得到一系列突变型以后,就可以对它们进行遗传学分析,了解这些突变型代表几个基因,各个基因在染色体上的位置,这就需要应用互补测验,包括基因精细结构分析等手段。

分子遗传学中的常用方法是抽提、分离、纯化和测定等。在对生物大分子和细胞的超微结构的研究中还经常应用电子显微镜技术。此外对于分子遗传学研究特别有用的技术是顺序分析、分子杂交和重组 DNA 技术。

核酸和蛋白质它们的生物学活性决定于它们的结构单元的排列顺序,他们是具有特异性结构的生物大分子,因此常需要了解它们的这些顺序。如果没有这些顺序分析,则基因 DNA 和它所编码的蛋白质的线性对应关系便无从确证;没有核酸的顺序分析,则插入顺序或转座子两端的反向重复序列的结构和意义便无从认识,重叠基因也难以发现。

分子遗传学是从微生物遗传学发展起来的。虽然分子遗传学研究已逐渐转向真核生物方面,但是以原核生物为材料的分子遗传学研究还占很大的比重。此外,由于微生物便于培养,所以在分子遗传学和重组 DNA 技术中,微生物遗传学的研究仍将占有重要的位置。

分子遗传学方法还可以用来研究蛋白质的结构和功能。例如可以筛选得到一系列使某一蛋白质失去某一活性的突变型。应用基因精细结构分析可以测定这些突变位点在基因中的位置;另外通过顺序分析可以测定各个突变型中氨基酸的替代,从而判断蛋白质的哪一部分和特定的功能有关,以及什么氨基酸的替代影响这一功能等等。

生物进化的研究以前着眼于形态方面的演化,后来又逐渐注意到代谢功能方面的演变。自从分子遗传学发展以来又注意到 DNA 的演变、蛋白质的演变、遗传密码的演变以及遗传机构包括核糖体和 tRNA 等的演变。通过这些方面的研究,对于生物进化过程将会有更加本质性的了解。

分子遗传学也已经渗入到以个体为对象的生理学研究领域中去,特别是对免疫机制和激素的作用机制的研究。随着克隆选择学说的提出,目前已经确认动物体的每一个产生抗体的细胞只能产生一种或者少数几种抗体,而且已经证明这些细胞具有不同的基因型。这些基因型的鉴定和来源的探讨,以及免疫反应过程中特定克隆的选择和扩增机制等既是免疫遗传学也是分子遗传学研究的课题。

将雌性激素注射雄鸡,可以促使雄鸡的肝脏细胞合成卵黄蛋白。这一事实说明雄鸡和雌鸡一样,在肝脏细胞中具有卵黄蛋白的结构基因,激素的作用只在于激活这些结构基因。

激素作用机制的研究也属于分子遗传学范畴,属于基因调控的研究。个体发生过程中一般并没有基因型的变化,所以发生问题主要是基因调控问题,也属于分子遗传学研究范畴。

分子遗传学研究的方法,特别是重组 DNA 技术已经成为许多遗传学分支学科的重要研究方法。分子遗传学也已经渗入到许多生物学分支学科中,以分子遗传学为基础的遗传工程则正在发展成为一个新兴的工业生产领域。

名句箴言

古之立大事者，不惟有超世之才，亦必有坚忍不拔之志。

——苏轼

分子细胞生物学

早在 20 世纪 20 年代，著名生物学家威尔逊就提出"一切生物学关键问题必须在细胞中找寻"。细胞是一切生命活动结构与功能的基本单位，细胞生物学是研究细胞生命活动基本规律的科学。

细胞生物学研究的核心问题可归结为遗传和发育。发育是以遗传为基础，遗传要在发育中实现。当前细胞生物学的主要发展趋势是用分子生物学及物理、化学方法,深入研究真核细胞基因组的结构及其表达的调节和控制,以期从根本上揭示遗传和发育的关系,以及细胞衰老、死亡和癌变的原因等基本生物问题,并为把遗传工程技术应用到高等生物,改变其遗传性提供理论依据。20 世纪 90 年代以来,分子生物学取得很大进展,这些进展促进了细胞结构和功能调控在分子水平上的研究。

目前研究细胞在方法学上的特点是高度综合性,使用分子遗传学手段,对新的结构成分、信号或调节因子的基因分离、克隆和测序,经改造和重组后,将基因导入细胞内,再用细胞生物学方法,如激光共聚焦显微镜、电镜、免疫细胞化学和原位杂交等,研究这些基因表达情况或蛋白质在活细胞或离体系统内的作用。分子遗传学方法和细胞生物学的形态定位方法紧密结合,已成为当代细胞生物学研究方法学上的特点。另一方面,用分子遗传学和基因工程方法,如重组 DNA 技术、PCR、同源重组和转基因动植物等,对高等生物发育的研究也取得出乎意料的惊人进展。对高等动物发育过程,从卵子发生、成熟、模式形成和形态发生等方面,在基因水平的研究正全面展开并取得巨大进展。

自从"人类基因组计划"实施以来,人类在生物学方面取得了迅速进展。2000 年 6 月,国际人类基因组计划发布了

"人类基因组工作框架图",可称之为"人类基因草图",这个草图实际上涵盖了人类基因组97%以上的信息。从"人类基因组工作框架图"中我们可以知道这部"天书"是怎样写的和用什么符号写的。2001年2月,包括中国在内的六国科学家发布人类基因组图谱的"基本信息",这说明人类现在不仅知道这部"天书"是用什么符号写的,而且已经基本读懂了这部"天书"。其他典型生物的基因组研究有的已经完成,有的正在进行。在对从低等到高等的不同生物门类的基因组、调控基因群,以及发育调控模式比较研究的基础上,已开始对发育和进化的关系进行探索。在基因和细胞水平,对遗传、发育和进化关系的探索已展现出乐观的前景。"后基因组时代"的生物学任务是基因组功能的研究,即对细胞的基因表达谱和蛋白质谱的研究,这些都将从根本上影响未来细胞生物学的发展趋向。正如过去各种生命现象的奥秘都要从细胞的结构和功能活动中寻求解答一样,目前对细胞的结构和功能,也要从基因组的结构和功能活动中寻求解答。基因、细胞和发育将是贯穿细胞生物学研究的主线。

未来细胞生物学研究的核心问题是真核细胞基因组结构及其功能调控。另一方面是基因产物如何构建细胞结构,以及如何调节和行使细胞功能。细胞生物学和分子生物学将把这两方面的研究结合在一起,构成新世纪细胞生物学研究的主要内容——分子细胞生物学。

名句箴言

构成我们学习最大障碍的是已知的东西，而不是未知的东西。

——贝尔纳

物质的研究结构分析和遗传

说到分子生物学的发展，我们不得不提及结构分析和遗传物质的研究在这门学科的发展中做出了重要的贡献。结构分析的主要内容是通过阐明生物分子的三维结构来解释细胞的生理功能。

1912年英国布喇格父子建立了X射线晶体学，成功地测定了一些相当复杂的分子以及蛋白质的结构。以后布喇格的学生阿斯特伯里和贝尔纳又分别对毛发、肌肉等纤维蛋白以及胃蛋白酶、烟草花叶病毒等进行了初步的结构分析。他们的工作为后来生物大分子结晶学的形成和发展奠定了基础。

贝尔纳

20 世纪 50 年代，分子生物学作为一门新兴独立的分支学科脱颖而出。首先在蛋白质结构分析方面，1951 年提出了 α—螺旋结构，描述了蛋白质分子中肽链的一种构象。1955 年桑格完成了胰岛素的氨基酸序列的测定。接着肯德鲁和佩鲁茨在 X 射线分析中应用重原子同晶置换技术和计算机技术，分别于 1957 和 1959 年阐明了鲸肌红蛋白和马血红蛋白的立体结构。1965 年中国科学家合成了有生物活性的胰岛素，首先实现了蛋白质的人工合成。另一方面，从 1936 年起，德尔布吕克小组以噬菌体为对象开始探索基因之谜。噬菌体感染寄主后半小时内就复制出几百个同样的子代噬菌体颗粒，因此是研究生物体自我复制的理想材料。

基因的功能在于决定酶的结构,这是比德尔和塔特姆提出的"一个基因一种酶"的假设,而且一个基因仅决定一个酶的结构。但在当时基因的本质还是没有完全弄清楚。1944年埃弗里等研究细菌中的转化现象,证明了 DNA 是遗传物质。

1953 年沃森和克里克以 DNA 的双螺旋结构而让分子生物学进入历史新纪元。并在此基础上提出的中心法则,描述了遗传信息从基因到蛋白质结构的流动。遗传密码的阐明则揭示了生物体内遗传信息的贮存方式。1961 年雅各布和莫诺提出了操纵子的概念,解释了原核基因表达的调控。到 20 世纪 60 年代中期,关于 DNA 自我复制和转录生成RNA 的一般性质已基本清楚,基因的奥秘也随之开始解开了。

分子生物学先从大胆的科学假说,再到经过大量的实验研究,从而建立了本学科的理论基础,仅仅才花了三十年左右的时间。进入 20 世纪 70 年代,由于重组 DNA 研究的突破,基因工程已经在实际应用中开花结果,根据人的意愿改造蛋白质结构的蛋白质工程也已经成为现实。蛋白质的结构单位是 α—氨基酸。常见的氨基酸共 20 种。它们以不同的顺序排列可以为生命世界提供天文数字的各种各样的蛋白质。蛋白质分子结构的组织形式可分为四个主要的层次。

一级结构，也叫化学结构，是分子中氨基酸的排列顺序。首尾相连的氨基酸通过氨基与羧基的缩合形成链状结构，称为肽链。肽链主链原子的局部空间排列为二级结构。二级结构在空间的各种盘绕和卷曲为三级结构。有些蛋白质分子是由相同的或不同的亚单位组装成的，亚单位间的相互关系叫四级结构。

蛋白质的功能和性质与其分子的特殊结构有着紧密的联系，这是形形色色的蛋白质，所以能表现出丰富多彩的生命活动的分子基础。研究蛋白质的结构与功能的关系是分子生物学研究的一个重要内容。

20 世纪以来，随着结构分析技术的发展，现在已有几千个蛋白质的化学结构和几百个蛋白质的立体结构得到了阐明。70 年代末，采用测定互补 DNA 顺序反推蛋白质化学结构的方法，不仅提高了分析效率，而且使一些氨基酸序列分析条件不易得到满足的蛋白质化学结构分析得以实现。发现和鉴定具有新功能的蛋白质，仍是蛋白质研究的内容。例如与基因调控和高级神经活动有关的蛋白质的研究现在很受重视。

大家都知道，生物体中主要是由核酸来决定遗传特征。绝大多数生物的基因都由 DNA 构成。简单的病毒如噬菌体的基因组是由 46000 个核苷酸按一定顺序组成的一条双股 DNA。由于是双股 DNA，所以通常以碱基对计算其长度。

如果要在子代的生命活动中表现遗传信息,就需要通过复制、转录和转译。复制是以亲代 DNA 为模板合成子代 DNA 分子。转录是根据 DNA 的核苷酸序列决定一类 RNA 分子中的核苷酸序列;后者又进一步决定蛋白质分子中氨基酸的序列,就是转译。因为这一类 RNA 起着信息传递作用,故称信使核糖核酸。

基因在表达其性状的过程中贯穿着核酸与核酸、核酸与蛋白质的相互作用。DNA 复制时,双股螺旋在解旋酶的作用下被拆开,然后 DNA 聚合酶以亲代 DNA 链为模板,复制出子代 DNA 链。转录是在 RNA 聚合酶的催化下完成的。

生物体内普遍存在的膜结构,统称为生物膜。它包括细胞外周膜和细胞内具有各种特定功能的细胞器膜。从化学组成看,生物膜是由脂质和蛋白质通过非共价键构成的体系。很多膜还含少量糖类,以糖蛋白或糖脂形式存在。

生物体的能量转换主要在膜上进行。生物体取得能量的方式,或是像植物那样利用太阳能在叶绿体膜上进行光合磷酸化反应;或是像动物那样利用食物在线粒体膜上进行氧化磷酸化反应。这二者能量来源虽不同,但基本过程非常相似,最后都合成腺苷三磷酸。

生物体利用食物氧化所释放能量的效率可达 70% 左右,而从煤或石油的燃烧获取能量的效率通常为 20%～40%,所以生物力能学的研究很受重视。对生物膜能量转换的深入了解和模拟,将会对人类更有效地利用能量做出贡献。

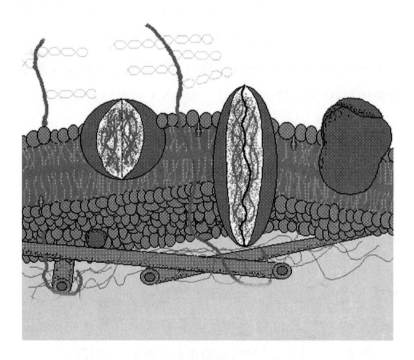

细胞膜

生物膜的另一重要功能是细胞间或细胞膜内外的信息传递。在细胞表面,广泛地存在着一类称为受体的蛋白质。激素和药物的作用都需通过与受体分子的特异性结合而实现。癌变细胞表面受体物质的分布有明显变化。细胞膜的表面性质还对细胞分裂繁殖有重要的调节作用。

对细胞表面性质的研究带动了糖类的研究。糖蛋白、蛋白聚糖和糖脂等生物大分子结构与功能的研究越来越受到重视。从发展趋势看,寡糖与蛋白质或脂质形成的体系将成为分子生物学研究的一个新的重要的领域。

分子生物学的成果表明:生命活动的根本规律在各种各样的生物体中都是统一的。例如,不论在何种生物体中,都由同样的氨基酸和核苷酸分别组成其蛋白质和核酸。遗传物质,除某些病毒外,都是 DNA,并且在所有的细胞中都以同样的生化机制进行复制。

物理学的成就证明,一切物质的原子都由为数不多的基本粒子根据相同的规律所组成,说明了物质世界结构上的高度一致,揭示了物质世界的本质,从而带动了整个物理学科的发展。分子生物学则在分子水平上揭示了生命世界的基本结构和生命活动的根本规律的高度一致,揭示了生命现象的本质。和过去基本粒子的研究带动物理学的发展一样,分子生物学的概念和观点也已经渗入到基础和应用生物学的每一个分支领域,带动了整个生物学的发展,使之提高到一个崭新的水平。

过去对生物进化方面的研究,主要是对不同种属间形态和解剖方面的比较来决定亲缘关系。随着蛋白质和核酸结构测定方法的进展,比较不同种属的蛋白质或核酸的化学结构,即可根据差异的程度,来断定它们的亲缘关系。由此得出的系统进化树,与用经典方法得到的是基本符合的。

运用分子生物学的方法来研究分类与进化具有特别的优越性。首先,构成生物体的基本生物大分子的结构反映了生命活动中更为本质的方面。其次,根据结构上的差异程度可以对亲属关系给出一个定量的,因而也是更准确的概念。第三,对于形态结构非常简单的微生物的进化,则只有用这种方法才能得到可靠结果。

分子生物学在生物工程技术中也起了巨大的作用,1973年重组 DNA 技术的成功,为基因工程的发展铺平了道路。20 世纪 80 年代以来,已经采用基因工程技术,把高等动物的一些基因引入单细胞生物,用发酵方法生产干扰素、多种多肽激素和疫苗等,基因工程的进一步发展将为定向培育动、植物和微生物良种以及有效地控制和治疗一些人类遗传性疾病提供根本性的解决途径。

从基因调控的角度研究细胞癌变也已经取得不少进展。分子生物学将为人类最终征服癌症做出重要的贡献。

名句箴言

青年时期是豁达的时期，应该利用这个时期养成自己豁达的性格。

——罗素

探索生命之源

生命的起源，这是个神秘莫测的问题，同时也是人们最关心的问题。这是类似于"先有蛋还是先有鸡"的命题：地球上最早最古老的生物高分子究竟是什么？是蛋白质还是核酸？核酸的合成需要酶的催化，而蛋白质的合成又需要核酸作为遗传模版。它们之中谁是导致生命诞生的"第一元素"？美国生物化学家萨姆纳于 1926 年首次提纯出一种名叫"豚酶"的酶,而证明酶是一种蛋白质。他因此荣获了 1946 年诺贝尔化学奖。萨姆纳的发现使生物学家们认为:是酶在起到细胞分裂的催化功能,因此在生命最初诞生的那一刻是先有蛋白质,后有核酸。在 20 世纪 80 年代以前,人们已知道核酸是遗传信息的载体,但一般认为它们并不具有生物催化作用,只有蛋白质才具有生物催化作用,是它导致了生命的诞生。细胞内核酸作为遗传信息分子、蛋白质作为催化分子分工的观点得到普遍认同,并被作为"生物化学的基本定论",写入有关的教科书,统治了生物学界半个多世纪。

1978～1981 年,美国化学家奥尔特曼和美国化学家 T. 切赫分别在实验中发现:核糖核酸具有生物催化作用,具有酶一样的活性。这一发现意味着:地球上最早最古老的生物高分子有可能是不仅具有携带遗传信息功能、也具有生物催化功能的核糖核酸分子。这一发现使科学家们对生命起源于蛋白质的定论重新审视。由于这一发现,奥尔特曼与切赫于 1989 年获诺贝尔化学奖。

20 世纪的 50 年代初,南太平洋岛国新几内亚西部原始森林中的土著民族佛鲁人中流行一种怪病——库鲁病。患者初期抑制不住地震颤、四肢阵挛性抽搐、精神错乱,并不时发出痛苦、可怕的笑声,最终导致瘫痪而死亡。这种病原因不明,有的部落近半数的人死于这种病。

美国医学家和病毒学家盖达塞克冒着被传染的危险,历时 10 年深入土著人部落生活调查库鲁病。盖达塞克发现,佛鲁人有一种野蛮的习俗:当家中有人死去时,女眷和儿童生食死者的大脑,而库鲁病患者恰恰以妇女和青少年居多。于是,盖达塞克劝说当地人改除这种陋习。数年后,库鲁病的发病率大为降低。

盖达塞克对库鲁病病死者的大脑进行培养和分析,但始终未能找出致病的细菌或病毒。后来受其他科学家的启发,他认定这是一种人类尚未认识的、比病毒还小的病原微生物,盖达塞克将它命名为"慢病毒"。后来,他和其他科学家又发现了另外几种能导致神经系统疾病的慢病毒,并荣获 1976 年诺贝尔生理学或医学奖。

20 世纪 80 年代,美国神经生理学家普鲁西纳发现了一种比病毒还小、内部不存在核酸的微生物致病因子。由于这种致病因子具有蛋白质的性质,所以普鲁西纳将其命名为"朊毒体"。

1985 年,世界上发现首例疯牛病。1992 年,欧洲疯牛病流行。同时,人们又发现羊的亚急性传染性海绵样脑病、人的新克雅氏症都具有与疯牛病类似的症状,并且都有脑组织坏死,这三种病的罪魁祸首就是普鲁西纳所发现的"朊毒体"。后来普鲁西纳和其他科学家经进一步证明:库鲁病和老年痴呆症等神经系统疾病,也都是由与朊毒体类似的病原微生物所引起的,慢病毒与朊毒体可能是同一类生物体。普鲁西纳因此荣获了 1997 年诺贝尔生理学或医学奖。

朊毒体的发现无疑向"一切生物都存在核酸、遗传必须经过核酸"的生物学"圣经"发起了挑战,即蛋白质也可能具有遗传功能,并为生命起源的研究开辟了新思路。但这一点目前还有待进一步的研究和验证。

DNA 是螺旋状的,生命科学的探索之路也是螺旋的,而且是永无止境的。DNA 的双螺旋结构体现着一种科学之美,它与和谐的大自然之美交相辉映。科学家们为我们展示了科学之美、探索之美,而且通过科学技术的进步为人类创造了日益美好的生活。人体自身和大千世界还有数不清的未解之谜,正等待着人们进行探索。让我们体验美、探索美,续写和创造永无止境的螺旋之美。

基因工程药物

生物工程技术的诞生与应用不仅改变了我们的生活而且还让我们为你的生活多姿多彩。1977 年,美国加利福尼大学的遗传学家博耶等人,用基因重组技术,在大肠杆菌中制造出 5 毫克的人生长激素抑制因子。如果用传统的办法从羊脑中提取 5 毫克生长激素抑制因子,那就要有 50 万个羊脑。这是基因工程应用的一大胜利。

糖尿病是患者胰腺不能正常分泌胰岛素,引起血糖过高而至,其死亡率仅次于癌症和心脏病。全世界的糖尿病患者已达数千万人。20世纪初,医生们就采用胰岛素治疗糖尿病。但胰岛素以往主要靠从牛、猪等大牲畜的胰脏中提取,一头牛的胰脏或一头猪的胰脏只能产生30毫升的胰岛素,而一个病人每天则需要4毫升的胰岛素,胰岛素产量远远不能满足需要。

1978年,美国化学家吉尔伯特领导的研究小组,利用重组DNA技术成功地使大肠杆菌生产出胰岛素。

为基因重组技术商业化而建立的第一家公司是南旧金山的一家名叫杰纳泰克的公司。该公司是由博耶和企业家斯旺森创办的,该公司能够大量生产人体胰岛素。1982年,用基因技术生产的胰岛素产品获得批准并投入使用。

干扰素是两位美国科学家在1957研究病毒的干扰现象时发现的一种抗病毒的特效药,能战胜病毒引起的感染,如水痘、肝炎和狂犬病等。干扰素本是我们身体内部少数几种能抵御病毒的天然防御物质之一,是在病毒入侵细胞以后从仍然健康的细胞中自然产生的。但人体内产生的干扰素数量非常小,所以当时生产的干扰素数量很少而十分昂贵。

1980年,由美国生物化学家博耶和科恩创建的基因工程公司,通过各种不同基因组合得到几种生产干扰素的细菌。

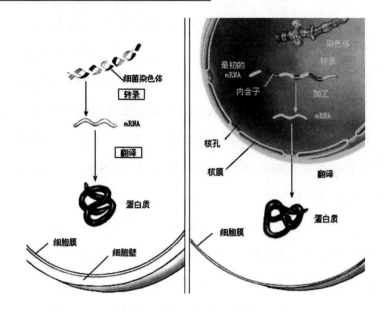

基因表达过程示意图

1981年,又用酵母菌生产干扰素获得成功。过去,用白细胞生产干扰素,每个细胞最多只能产生100～1000个干扰素分子;而用基因工程技术改造的大肠杆菌发酵生产,在1～2天内,每个菌体能产生20万个干扰素分子。现在,美国已经采用基因工程来大规模工业化生产干扰素。

中国在1982年已用基因工程方法组建了生产干扰素的大肠杆菌新菌种,它产生的干扰素跟天然干扰素一样具有抗病毒活性。同年,复旦大学遗传研究所获得人干扰素基因克隆的酵母菌株。1983年建立了人甲种干扰素基因工程无性繁殖系,并用于生产。

基因鉴定技术

DNA 鉴定技术是英国遗传学家杰弗里斯在 1984 年发明的。DNA 鉴定技术除了可鉴定个人身份外,在鉴定亲属关系上也很有效。人体细胞有总数约为 30 亿个碱基对的 DNA,每个人的 DNA 都不完全相同,人与人之间不同的碱基对数目达几百万之多,因此通过分子生物学方法显示的 DNA 图谱也因人而异,由此可以识别不同的人。所谓"DNA 指纹",就是把 DNA 作为像指纹那样的独特特征来识别不同的人。由于 DNA 是遗传物质,因此通过对 DNA 鉴定还可以判断两个人之间的亲缘关系。由于人体各部位的细胞都有相同的 DNA,因此可以通过检查血迹、毛发、唾液等判明身份。

2000 年,我国河南省郑州市首次颁发 DNA 身份证。这张特殊的身份证表面印有持有者的姓名、年龄、性别、出生年月、血型、身份证号、照片等,但它的奥秘和价值所在是下方的一长排条文形码。个人的遗传基因秘密就藏在这些条码中,显示持有者存在的唯一性。拥有者将真正与世界上其他 60 亿人口区分开来。DNA 身份证在人体器官移植、输血、耐药基因的认定和干细胞移植方面都有非常大的作用。用 DNA 鉴定身份的技术在阿根廷内战期间也起到了重要作用。战争让许多孩子失去了父母。战争结束后,政府希望把这些孩子们交付给他们的亲戚,使他们回到亲人的怀抱。可是怎样使他们没见过面的亲戚相信孩子是自己的亲属呢?科学家采用 DNA 鉴定技术,将孩子血液中的 DNA 与可能是他们亲戚的 DNA 相比较,结果至少帮助 50 多个孩子找到了亲人。现在这种技术,已经广泛被各国采用了。

近一个世纪以来,指纹技术给侦破工作带来很大方便。但罪犯越来越狡猾,许多作案现场没有留下指纹。现在有了 DNA 指纹鉴定技术,只要罪犯在案发现场留下任何与身体有关的东西,例如血迹和毛发,警方就可以根据这些蛛丝马迹将其擒获,准确率非常高。DNA 鉴定技术在破获强奸和暴力犯罪时特别有效,因为在此类案件中,罪犯很容易留下包含 DNA 信息的罪证。

根据 DNA 指纹破案虽然准确率高,但也有出错的可能,因为两个人的 DNA 指纹在测试的区域内有完全吻合的可能。因此在 2000 年英国将 DNA 指纹测试扩展到 10 个区域,使偶然吻合的危险几率降到十亿分之一。即使这样,出错的可能性仍未排除。

基因疗法

基因疗法,即是通过基因水平的操作来治疗疾病的方法。基因是"生命的设计图",当基因因为突变、缺失、转移或是不正常的扩增而"出错"时,细胞制造出来的蛋白质数量或是形态就会出现问题,人体也就生病了。所以要治疗这种疾病最根本的方法,就是找出基因发生"错误"的地方和原因,把它矫正回来,疾病自然就会痊愈了。

目前的基因疗法是先从患者身上取出一些细胞,然后利用对人体无害的逆转录病毒当载体,把正常的基因嫁接到病毒上,再用这些病毒去感染取出的人体细胞,让它们把正常基因插进细胞的染色体中,使人体细胞就可以"获得"正常的基因,以取代原有的异常基因;接着把这些修复好的细胞培养、繁殖到一定的数量后,送回患者体内,这些细胞就会发挥"医生"的功能,把疾病治好了。

美国医学家安德森等人对腺苷脱氨酶缺乏症的基因治疗,是世界上第一个基因治疗成功的范例。

1990 年 9 月 14 日,安德森对一例患 ADA 缺乏症的 4 岁女孩进行基因治疗。这个 4 岁女孩由于遗传基因有缺陷,自身不能生产 ADA,先天性免疫功能不全,只能生活在无菌的隔离帐里。他们将含有这个女孩自己的白血球的溶液输入她左臂的一条静脉血管中,这种白血球都已经过改造,有缺陷的基因已经被健康的基因所替代。在以后的 10 个月内她又接受了 7 次这样的治疗,同时也接受酶治疗。1991 年 1月,另一名患同样病的女孩也接受了同样的治疗。两患儿经治疗后,免疫功能日趋健全,能够走出隔离帐,过上了正常人的生活,并进入普通小学上学。

继安德森之后,法国巴黎奈克儿童医院的费舍尔博士与卡波博士也对两例先天性免疫功能不全的患儿成功地进行了基因治疗。

尽管目前只有极少数的基因疗法开始在临床试用,大多数还处于研究阶段,但它的潜力极大、发展前景广阔。

延长寿命

长生不老,一个人类追寻了几千年的梦想,直到现在科学家们还在不懈的努力。从公元 3500 年前开始,人类就开始寻找长生不老药。老化的原因有多种因素,如蛋白质损伤、DNA 损伤、细胞膜损伤、细胞内积累废弃物、端粒缩短等。

提升寿命上限的目标可以通过多种方法实现,除了治疗疾病、均衡营养、减少环境污染、适量运动等方法外,发掘控制衰老或长寿的基因成为最受科学家、也是最有潜力的途径之一。

线虫是体长 1 厘米左右的小生物,约由 1000 个细胞构成,栖息在土中,最长寿命不到 22 天,很适合用来做寿命实验。控制线虫寿命的基因有许多,破坏其中"时钟 1 基因"可

导致衰老的各种原因

导致衰老的各种原因

使线虫的寿命延长 1.5 倍。科学家们发现,人类也有与时钟
1 基因大致相同的基因。研究人员除了找到时钟 1 基因,还
找到了"年龄 1 基因""daf-2"等受损会延长寿命的基因。人
类的 DNA 中原来就有负责化解活性氧毒性的基因,我们也
可以采取活化该基因的办法,以防止老化。

科学家的研究已经发现,热量限制可以延长包括哺乳动
物在内的许多物种动物的生命周期。其原因,一种解释是它
减少了氧自由基对细胞造成的损伤。利用酶聚合反应,通过
抗氧化剂来控制氧化压力。研究发现,由于限制热量摄入而
延长生命的现象与一种叫作 SIR2 基因有关。

科学家还发现,一种成为"我还活着"的基因一旦发生改
变,就会使果蝇寿命延长一倍。人体内也存在这种基因,它

是通过改变新陈代谢来发挥作用的。有一种早衰症,病症是过早脱发、白内障、血管钙化、冠心病、糖尿病以及癌症等,病人的平均寿命是 47 岁,而这种疾病就是一种基因导致的。

DNA 缠绕成的染色体末端,有称做端粒的区域。控制着细胞的分裂次数,端粒随着细胞分裂每次变短,短到某个程度,细胞将不再分裂。人的一生中,细胞大约能分裂 50～60 次。因此端粒是控制生理寿命的生物钟,而端粒长短就成为表示细胞"年龄"的指标。如果加入一种"端粒酶"阻止它缩短,就可使细胞保持年轻,人就像吃了"唐僧肉"一样实现长生不老的梦想。

分子生物学是从分子水平研究生物大分子的结构与功能，从而阐明生命现象本质的科学。

生物大分子，特别是蛋白质和核酸结构功能研究，是分子生物学的基础。现代化学和物理学理论、技术和方法的应用推动了生物大分子结构功能的研究，从而出现了分子生物学的蓬勃发展。

分子生物学在分子水平上揭示了生命世界基本结构和生命活动根本规律的高度一致，揭示了生命现象的本质。分子生物学的概念和观点已经渗入到基础和应用生物学的每一个分支领域，带动了整个生物学的发展，使之提高到一个崭新的水平。